标杆精益系列图书

精益物流24天养成记

杨 东 李 然 著

机械工业出版社

本书内容来自于真实的案例。书中通过一家工厂为满足新客户需求而进行的全新规划，诠释了外部物流模式的策划过程。不同于以往将物流成本和仓储成本累加进行方案对比的方法，本书提出将来自生产的 J 成本理论应用于物流方式的规划中，除了考虑运输成本，还将运输时间和相应的库存天数纳入关联因素中，对物流规划提出了新的综合性评估方法。

24 天的项目虽然短暂，但对于规划类项目的要求却是一应俱全的，读者可以从中了解一个详细的流程，并为规划类项目带来新的启示。

本书可供从事精益生产、物流规划的技术人员、咨询人员、管理者使用，也可供高等院校物流方向的师生参考。

图书在版编目（CIP）数据

精益物流24天养成记/杨东，李然著. —北京：机械工业出版社，2019.10

（标杆精益系列图书）

ISBN 978-7-111-63778-3

Ⅰ.①精… Ⅱ.①杨…②李… Ⅲ.①物流管理 Ⅳ.①F252.1

中国版本图书馆 CIP 数据核字（2019）第 217061 号

机械工业出版社（北京市百万庄大街 22 号 邮政编码 100037）
策划编辑：孔 劲 责任编辑：孔 劲 佟 凤
责任校对：蔺庆翠 封面设计：马精明
责任印制：张 博
三河市国英印务有限公司印刷
2020 年 1 月第 1 版第 1 次印刷
169mm×239mm · 7.25 印张 · 2 插页 · 114 千字
0001—3000 册
标准书号：ISBN 978-7-111-63778-3
定价：45.00 元

电话服务　　　　　　　　　网络服务
客服电话：010-88361066　　机 工 官 网：www.cmpbook.com
　　　　　010-88379833　　机 工 官 博：weibo.com/cmp1952
　　　　　010-68326294　　金 书 网：www.golden-book.com
封底无防伪标均为盗版　机工教育服务网：www.cmpedu.com

物流规划并不是一个新鲜的课题，目前已有很多实际案例可以借鉴。在进行物流规划时，传统的成本核算方法仅考虑了物流成本本身，却忽略了时间因素对产品收益力的影响。我们试图利用一个真实的案例，把来自日本的J成本理论和方法介绍给大家，让物流精益规划更具系统性和说服力。

在信息手段多样化的今天，寻找精益管理理论的书籍已是易如反掌，但找到详细介绍实施案例的书籍并不容易。本书撰写的初衷，是希望能借助这样一种方式给从事管理工作的同仁一些启示和帮助。为了易于理解，对书中的数据和涉及的地点进行了简化。我们没有修正项目进行过程中由于一些原因而造成的失误和过程返工，是因为我们希望可以更真实地反映项目中发生的各类情况，以便在实施类似项目时可予以借鉴。应该说简单的物流规划项目并不是件复杂的事，它比起完整的供应链规划缺少了关键的信息流环节，但读者仍可以从中找到此类项目实施的逻辑和方法。

我是一位生产管理咨询师，来自生产企业，已在管理咨询行业从业多年，在生产一线工作时期积累了许多实践经验，在不断参与培训的过程中学习到多方面的理论知识，所以一直以来都对我曾经效力过的工厂和共事过的同事心存无比感激之情。

2012年，我开始进入德国管理咨询顾问公司工作，有机会接触到更多不同生产类型和文化背景的企业，眼界顿开。同时，大量的书籍及资料阅读也让我能从前辈和大师的著作中获取更加丰富的知识，并应用于客户项目，为企业提供帮助。而我也注意到，我们有些工程师和管理人员在工作中存在对理论生搬硬套、缺乏思考和行事逻辑不清的问题。在缺少对理论透彻理解和思考的情况下就盲目实施战术方法，是造成工厂精益项目失败的一个重要原因，令人非常遗憾。因此，希望借此机会把精益方法和工具的灵活运用根植于更多精益人的内心，提高精益项目的成功率。

　　我在本书撰写期间得到了我的夫人方嘉璐女士的特别支持和鼓励，本书的推广得到了标杆精益的总经理郭光宇先生的大力支持，在此表示深深的谢意。

　　写作对于我一个工科人员来说并不是件擅长的事，叙述中如有纰漏还望各位不吝赐教。

杨　东

　　这是一家给汽车整车工厂提供机加工部件的制造企业，我们暂且叫它 HB 工厂，坐落在 C 市。HB 工厂刚刚拿到了一个重要客户的大订单，这对一个供应商企业来说是莫大的喜讯。

　　这个大客户给 HB 工厂带来了巨大的销售收入，它要新建一条生产线才能满足其产品需求，而且还要引进国外的先进设备，同时一个更加完美的供应链系统也要建立起来。我们的供应链咨询项目由此开始，帮助 HB 工厂完成供应链系统的搭建。

　　HB 工厂提供的产品并不复杂，它的成品有几种，全部安装在同一辆汽车上，我们可以称其为一套成品。这一套成品中包含的部件见表1。

表1　HB 工厂的单套成品部件表

名　　称	单 套 数 量
ST1	1
ST2	1
ST3	1
ST4	1
ER	2
EB1	2
EB2	1
EB3	1
CS1	3
CS2	1
BR1	3
BR2	1

　　其中，代号 ST 的零件是组装件。ST1 由 1 个 S1、1 个 T1 和 3 个 D 零件组

成；ST2 由 1 个 S2、1 个 T2 和 3 个 D 零件组成；ST3 由 1 个 S2（与 ST2 用同一个 S2 件）、1 个 T3 和 3 个 D 零件组成；ST4 由 1 个 S4、1 个 T4 和同样 3 个 D 零件组成。由此我们可以列出 HB 工厂提供的成品物料清单（Bill of Material，BOM），见表 2。按照合同约定，HB 工厂需要按套给客户提供产品。

表 2　HB 工厂成品 BOM

层　　级	名　　称	物　料　号	数　　量
0	ST1	ST10010	1
1	S1	ST10011	1
1	T1	ST10012	1
1	D	SP10000	3
0	ST2	ST20010	1
1	S2	ST20011	1
1	T2	ST20012	1
1	D	SP10000	3
0	ST3	ST30010	1
1	S2	ST20011	1
1	T3	ST30012	1
1	D	SP10000	3
0	ST4	ST40010	1
1	S4	ST40011	1
1	T4	ST40012	1
1	D	SP10000	3
0	ER	ER10000	2
0	EB1	EB10001	2
0	EB2	EB10002	1
0	EB3	EB10003	1
0	CS1	CS10001	3
0	CS2	CS10002	1
0	BR1	BR10001	3
0	BR2	BR10002	1

与我们合作的 HB 工厂的项目经理小 Q 是 HB 工厂的新人，和我们接触时刚刚来这里工作了一个星期，她是物流部的高级主管。小 Q 是一位性格开朗

的姑娘，爱说爱笑的，很大方，也很有物流方面的工作经验，很适合做项目管理的工作。

与工厂合作的项目自然少不了生产人员的参与，HB 工厂的运营经理 Y 先生直接加入了我们的项目。Y 先生是位和善的中年人，说话语速很慢，语气让人觉得舒服。

项目中另一位重要人物是 H 小姐。H 小姐很有职业女性的特点，穿戴整齐，妆容精致，每天的工作都安排得很紧凑，总是严格遵守时间表上的约定。她负责未来生产线的布局项目，这和供应链规划关系紧密。HB 公司为新生产线的投产特意聘请了外国总部的专家负责生产线规划项目，H 小姐就是他的助理。

其他参与项目的人员用列表来展示。在项目管理中，项目人员列表是重要的文件之一，称为项目干系人明细表（stake holder list），见表3。

好啦，准备好一起完成这个外部物流规划的旅程吧！

表3 项目干系人明细表

序号	姓　名	职　务
1	小 Q	物流部高级主管
2	Y 先生	运营经理
3	H 小姐	布局项目组助理
4	L 先生	总经理助理
5	LZ 先生	HB 中方总经理
6	K 先生	布局项目外方项目经理
7	S 先生	客户经理
8	EL 先生	咨询顾问
9	HY 先生	咨询顾问

目 录

前　言

背景及人物介绍

第1章　项目启动 …………………………………………………… 1

　第1天　项目管理和基本逻辑 ………………………………… 3

　第2天　基本信息的收集和整理 ……………………………… 8

　第3天　信息收集与汇总 ……………………………………… 11

　第4天　走访与了解信息 ……………………………………… 14

　第5天　关于J成本理论的计算方法讨论 …………………… 15

第2章　理想状态的设计 ………………………………………… 19

　第6天　价值流设计和物流网络图准备 ……………………… 21

　第7天　物流及仓储信息的分析计算 ………………………… 22

　第8天　物流网络图和价值流程图的绘制 …………………… 26

　第9天　J成本的物流系数计算 ……………………………… 28

　第10天　基于方案1的5种出货物流方案的评估 …………… 37

　第11天　方案1的海外进货物流理想状态设计 ……………… 46

　第12天　基于方案2的出货物流的成本计算 ………………… 49

　第13天　协调物流和生产管理的关系 ……………………… 54

　第14天　方案2的国内进货物流理想状态设计 ……………… 56

　第15天　方案2的库存面积估算 …………………………… 62

　第16天　和K先生就自动生产线的探讨 …………………… 65

　第17天　方案1的国内进货物流理想状态设计和库存面积估算 ……… 67

第3章　加入约束条件后的方案修正 …………………………… 73

　第18天　约束条件的讨论 …………………………………… 75

　第19天　约束条件下的方案2修正 ………………………… 79

第 20 天　约束条件下的方案 1 修正 ················· 81

第 21 天　计算中的错误修正 ····················· 84

第 4 章　方案的评估和确认 ····················· 87

第 22 天　规划方案的评估要素准备 ··············· 89

第 23 天　规划方案的比对评估 ··················· 91

第 24 天　规划之后的项目推进计划讨论 ··········· 95

第 5 章　总结 ····························· 97

附录 ································· 103

附录 A　衡量物流系统的绩效指标 ··············· 103

附录 B　衡量库存周转的绩效指标 ··············· 104

附录 C　库存物料 ABC 分析 ··················· 105

项 目 启 动

第1天 项目管理和基本逻辑

项目的第一天通常是召开需要很多高层参加的项目启动大会，旨在让项目组的每个成员了解项目的目标、任务涵盖的范围、项目计划以及项目开展的逻辑步骤等信息。同时，高层领导的参与也彰显了项目的重要程度。

今天小Q预约了一个大会议室，长圆形的桌子旁坐满了人，团队成员互相问候并交换了名片。会议在一张张介绍项目内容的幻灯片中进行。这个物流规划项目涵盖HB工厂对新客户的外部物流模式和成品仓库存量的方案设计，不包含工厂内部物流规划和生产线布局。因为HB公司准备上SAP系统，因此信息系统由小Q的团队负责。

LZ和K先生都没有什么问题，只是希望项目在原有基础上提前2周拿出方案。我们和小Q、Y先生和H小姐之前都已见过面，对项目已经有了透彻的了解，自然也没有异议。

要保证项目启动工作的顺利，项目管理的文件准备是必不可少的。这些文件虽不是项目的交付物，但也是项目团队重要的输出物。一般项目管理的文件包括：项目范围说明书（该文件可以说明项目的范围，也可以阐明项目的约束条件、潜在的风险和应对措施），项目计划，项目里程碑计划，项目干系人明细表，项目沟通计划，任务分解结构图等。

为了保证项目的质量，在项目的介绍文件中要说明对定期沟通方式的约定。比如我们的项目规定了每月末开一次有管理层参加的项目汇报会议，对项目的阶段进展情况进行说明，其次是项目团队内部参与的日会和周会。项目团队对沟通方式的认同是项目顺利进行的保障，在一个愉快而轻松的氛围中做好沟通是良好的开端。今天一切进展都很顺利，算是成功了"一半"吧！

部分项目管理的文件模板如图1-1、图1-2和图1-3所示。

在明确了项目的目标和范围之后，了解项目进行的基本逻辑步骤是另一项非常重要的任务。供应链的规划是从客户端需求开始的，首先了解客户的需求，制订需求计划；然后根据客户需求计划制订公司的供应策略，即供应计划；为了满足供应计划需制订相应的生产计划；最后根据生产计划制订采购策略，即采购计划。这是供应链规划的基本逻辑。供应链包括3个物流系统，发运物流系统、生产内部物流系统和采购物流系统。供应链规划的目的就是系统地设计各个物流系统的策略和具体实施形式及其接口，使其高效地运转，满足供货需求。

项目范围说明书

项目名称：＿＿＿＿＿＿＿＿ 准备日期：＿＿＿＿＿＿＿＿

产品范围描述：

项目可交付成果：

项目验收标准：

项目例外事项：

项目的约束：

项目的假设：

图 1-1 项目范围说明书

项目里程碑清单

项目名称：＿＿＿＿＿＿＿＿ 准备日期：＿＿＿＿＿＿＿＿

里程碑	里程碑描述	类　　型

图 1-2 项目里程碑清单

项目沟通计划

项目名称：_____　准备日期：_____

信　　息	接 收 者	方　法	频　率	发 送 者

术语或缩写	定　义

沟通约束或假设：

图 1-3　项目沟通计划

我们把供应链上有库存的地方称为物流节点，物流节点是供应链断开的地方，因此物流节点的数量和周转速度决定了供应链的物流效率。对生产工厂来说，整个供应链上有两个大的物流节点，即原材料库存和完成品仓库。供应链架构如图 1-4 所示。

规划类项目的精益系统逻辑是先从理想状态开始进行方案，再加入必要的约束条件后修改成适应真实状况的方案。这样做的目的是尽可能地保留潜在的设计优势，发挥方案的最大潜能。

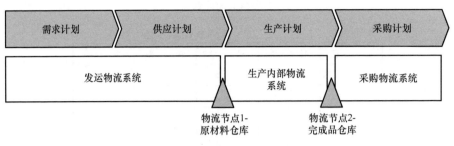

图 1-4 供应链架构

小 Q 和运营经理 Y 先生都已经充分理解了此次供应链规划的项目逻辑，我们对项目实施计划有了一致的思路。接下来的项目计划据此制订就可以十分轻松了。

小提示：

对于参与项目的人员，无论是项目经理还是团队成员，了解并掌握一定的项目管理要点十分必要。一般精益类项目并不需要具备和大型项目一样健全的管理机制和文档，但主要的管理手段和文档是必须要准备的。一般需要准备好如下文件：

> 项目范围说明书（包括交付标准和主要风险说明）。
> 项目计划。
> 项目里程碑计划。
> 项目干系人列表。
> 项目沟通计划。
> 任务分解结构图。

对于小型项目，和团队沟通好项目周期内的管理约定和准备上述这些文件并不困难。主要是能让团队充分理解和按照约定开展项目。

规划类项目的精益逻辑是：

1）理想状态设计。

2）约束条件的收集确认。

3）加入约束条件后的现实状态设计。

4）方案最终确认。

结合物流规划项目的特点，其顺序逻辑是：

1）客户需求信息和现状信息确认。

2）出货物流的理想状态规划。

3）内部物流的理想状态规划。

4）进货物流的理想状态规划。

5）约束条件讨论和确认。

6）各物流线路加入约束条件后的现实状态设计。

7）方案最终确认。

第2天　基本信息的收集和整理

有了第一天的接触，大家已经熟络了。早上，来到办公室的小 Q 和 Y 先生很热情地和我们打招呼。昨天下班前，我们和小 Q 一起讨论了今天的任务，很明显今天是比较繁忙的一天。

根据项目计划，从今天开始要收集外部物流的相关信息。需要收集的信息大致分为四类：

1）发运信息（outbound information）。

2）生产信息（production information）。

3）采购信息（inbound information）。

4）信息流信息（information flow）。

1. 发运信息的内容

发运信息主要了解客户的需求，包括：

> ➤ 至少未来3年的客户需求预测。
>
> ➤ 工厂与客户的交货约定事宜。
>
> 包括安全库存量，包装形式，发货频次，每次的发运数量，库存的管理模式，与客户约定的交货数量浮动比率，成品是否包含由供应商直接供应的成品等。我们了解到此项目包含2种部件共4个，由供应商提供后运至 HB 公司后随其他成品件再发运至客户工厂，分别是 CS1 和 CS2。
>
> ➤ 交货运输成本。
>
> 成本是规划中重点考虑的信息，包括由工厂至客户的距离成本，国内及国外不同运输手段的单位成本。本次项目客户在国内，所以只有陆路运输成本信息。需要注意的是，使用不同载重量的车辆会有成本差异，收集信息时尽量收集全面，方便以后的计算和分析。例如，分别使用半挂车、箱式货车的成本；由工厂承担物流或利用第三方物流公司进行零担运输的成本。
>
> ➤ 现有各种成品部件的包装箱尺寸、托盘尺寸等。
>
> ➤ 近工厂和近客户端的外联仓储成本信息。
>
> 这主要是为仓库的分层配置做准备，对面向生产和面向销售的产品策略将采用不同的仓储方式应对。

➢ 退货和回收物流的信息。

包括退换货的比率、种类和数量，回收物资的种类、数量和重量、尺寸等。

2. 生产信息的内容

生产信息和原材料流过生产工艺过程的周期时间（lead time）与仓库的周转周期和库存量有着密切关系，其内容涵盖：

➢ 产品 BOM 表。
➢ 零部件、成品的外形尺寸和重量（内部物流规划时的重要信息输入）。
➢ 工艺过程矩阵（图1-5）。
➢ 工艺过程中的循环时间（cycle time）、工艺时间（process time）、OEE（Overall Equipment Effectiveness，设备综合效率）、操作人数、质量合格率、班次数、换型时间（change over time）。

如果能提供当前的价值流程图（VSM）就可以一次性收集到以上的信息，对未来的价值流设计（VSD）有很大帮助。未来价值流设计也是做生产现场布局的重要信息输入。

序号	产品	产品编号	拉切	清洗	轴套软车	齿芯软车	齿套软车	清洗	渗碳	硬车	抛丸
1	S1	ST10011	×	×	×			×	×	×	×
2	S2	ST20011	×	×	×			×	×	×	×
3	S4	ST40011	×	×	×			×	×	×	×
4	EB1	EB10001				×		×	×	×	×
5	EB2	EB10002				×		×	×	×	×
6	EB3	EB10003				×		×	×	×	×
7	ER	ER10000					×				

图1-5 工艺过程矩阵

➢ 未来将要实施的主要改善有哪些。

比如是否安装新的信息控制系统，设备结构或工艺流程是否有大的改动等。

> ➢ 辅助物流信息。

这项信息可能会比较繁杂，这个项目因为产品和加工过程相对简单，因此辅助物流也相对简单。包括换型用的刀具和工装夹具的重量及使用频次，设备用润滑油，冷却液，热处理用淬火油的更换频次和用量，加工后的废铁屑重量等。

3. 采购信息的内容

采购信息主要是为了了解原材料进货时的情形。需要了解的信息包括：

> ➢ 供应商所供原材料的明细。
>
> ➢ 本地供应商所处位置、到工厂的距离、运输成本（与发运信息雷同）、最小起订量、运输时间。
>
> ➢ 本项目涉及海外供应商，因此需要了解海外供应的相关信息。包括海外供应商所处位置到工厂的距离。海外供应商的货运方式有三种：海运、空运和铁路运输。每种运输方式的运输时间、运输成本、近客户端港口的通关时间以及通关后的运输时间各有不同。

4. 信息流信息

信息流需要整体了解从客户下单到送货，包括客户订单转换成生产计划和采购计划的全过程。对于物流规划项目，信息流信息是辅助信息，但必要的了解是非常重要的。

收集信息真是一件不容易的事情啊。在团队整理完信息的模板后，就是拜访各个责任部门的相关人员啦。

我们选择到每个部门去约谈，这样可以当面和对方解释信息的内容和项目目的，也可以得到职能部门的理解和积极配合，得到的信息也更加准确，同时可以见到各个部门的人员，再联络时也会比较顺利。

第3天 信息收集与汇总

　　今天一天时间安排很紧张，小 Q 不停地给职能部门的同事发邮件和打电话预约时间，然后我们逐一去约谈。小 Q 虽然只来了一个星期，但各个部门还比较熟，这给我们省去不少时间。需要收集的信息，读者可以根据自己项目背景情况制作模板使用。

　　一天下来还有生产计划和负责辅助用具的部门没去，手机上的计步器显示步行 5300 多步，强度还算吃得消。信息虽然没有收集全，但大部分信息已经有了，在分析时还要和职能部门的人员再联络。

　　我们更习惯在收集数据前，整理出一个系列的表格供各职能部门使用。一来数据集合在一个电子表格内，易于查找，二来也更容易理解各个表单的相互逻辑关系。比如其中的客户服务水平信息统计表，见表1-1。

表1-1　客户服务水平信息统计

类型	客户代码	运输时间	准时率目标	包装要求	安全库存要求
本地	151300003		100%	纸箱包装，不回用	30
本地	151300004		100%	纸箱包装，不回用	30
本地	151300005		100%	纸箱包装，不回用	30
本地	151300006		100%	纸箱包装，不回用	30
海外	151300007		100%	纸箱包装，不回用	30
海外	151300008		100%	纸箱包装，不回用	30
本地	151300009		100%	纸箱包装，不回用	30
本地	151300010		100%	纸箱包装，不回用	30
本地	151000011		100%	纸箱包装，不回用	30
本地	151000012		100%	纸箱包装，不回用	30
本地	151000014		100%	纸箱包装，不回用	30

　　对于物流项目，物流成本信息是大家比较关注的。收集国内物流的报价信息较为容易，国际物流公司也可以提供较详细的海外运输成本信息。我们可以据此进行收集整理，例如图1-6所示的海外物流费用明细样例。

波兰华沙铁路进口，EXW

Pick up：HOERBIGER Automotive Sp. z o. o.，ul. Modlowa 10，59-700 Boleslawiec，Poland

Tel+48 756 467 857/Fax+48 756 467 359，E-mail：damian. kotwica@ hoerbiger. com

一、提货费（含德国本地费用）

单票单询

EUR 756. 0/9PKGS/3116kg/17. 69 CBM.

EUR 706. 0/6PKGS/1504. 56kg/11. 80CBM

注：

1. 报价含报关，报关包含 3 个 HS 编码，每超过 1 个加收 10 欧元。

2. 等待装货时间为 1 个小时，每超过半个小时 40 欧元。

3. 货物可堆叠运输，若货物超长、超重或者为异形包装，运费需要重新计算。

4. 若提货运输需要打托，需要客户打托包装。

5. 报价有效期单票单询。

6. 需要客户在截港前 7 个工作日以上放货。

7. 此报价为正常使用货车为基础，如对运输时间、车辆等有特殊要求请即刻提出。

8. 此报价只适用于普货，如货物为平衡车等其他危险品或特殊货物，请询价时特别告知。

9. 此报价只适用于国外非节假日期间，国外节假日对车辆运输影响时间较长，请知悉。

二、铁路运费（由于高度按 1. 8m 来计算立方数）：USD160/CBM+USD150/票

三、郑州清关费

报关费：300 元/票

代理报检费：200 元/票

代理操作费：200 元/票

商检费等其他费用实报实销，木质包装必须熏蒸且要有熏蒸标识

若有其他费用产生，均实报实销

四、送货费，郑州—常州新北

单票单询

9PKGS/3116kg/17.69CBM，不可堆叠，2400 元。

6PKGS/1504.56kg/11.80CBM，不可堆叠，2000 元。

有效期至 12 月 31 日。

1. 此报价为正常使用货车为基础，如对运输时间、车辆等有特殊要求请即刻提出。

2. 此报价依据询价时提供的货量、提（送）货地核算。如果实际货量、尺寸、提（送）货地有更改，需要在运输完成之前确认。

3. 报价适用有效期为 1 个月，单票单询。

4. 默认按照货物可堆叠进行报价。若单件货物超长，宽和高超过 2m、超重或者为异形包装，运费需要重新计算。

5. 报价针对一般普通货物。运输时物流只保证外包装完好，若外包装完好，内部有破损物流不承担相关损失。

图 1-6　海外物流费用明细样例

在外部物流规划前，物流节点即仓储地点的租用成本也要事先了解。对于明确客户的需求后，仓储的选择就相对容易，而应对潜在客户的需求，在考虑市场需求波动概率、短期贴现率等风险前提下，对仓储方案进行综合核算后进行决策。这个项目的客户要求明确，因此可以不用考虑长期的市场波动性。仓储成本信息样例如图1-7所示。

仓储服务价格-零件

序号	收费条目		价格（人民币）	单位	数量	费用	备　注
1	存储费	每平方米存储费	0.57	元/（m²·天）	740		
2	入库费	进货费	8.5	元/m³			整托进出操作按此价格结算
3	出库费	出货费	8.5	元/m³			整托进出操作按此价格结算
4	包装转换	对包装进行转换	2.5	元/箱			

图1-7　仓储成本信息样例

下班前我的同事 EL 先生把信息汇总了出来。EL 是个老手，很有经验，所以处理速度很快。还有不少零碎的特殊信息也记到了笔记本上，需要回去再做整理。

我和 EL 回到酒店简单吃了晚饭，就到我的房间开始核对那些零散的信息，以免遗漏了什么重要的东西。我们一一核对着信息，幸亏有咖啡的浓香让我们保持头脑清醒。

夜里 11 点多钟，总算完成今天的工作，可以好好休息了！

第4天　走访与了解信息

最近，冷空气的造访让C城这几天多了些寒意，走在外面穿着羽绒服还是觉得冷。还好今天早上见到了阳光，感觉人也轻松了许多。

经过两天的信息收集和整理，还有信息流和生产辅助用料的数据没有拿到。今天的主要任务是走访一下计划部门和负责辅助材料的部门进一步了解信息，然后向LZ经理做一下阶段的总结汇报。

HB公司的SAP系统计划在10月上线，目前一直采用手工方式处理。大致的流程是这样的，客户的采购订单（PO）下达后由计划部门根据在制品库存和产能状况制订几个月的生产主计划（MPS），之后根据生产平衡制订生产日计划。HB公司暂时还没有将制造执行系统（MES）应用于作业计划的规划，而对于手工操作来说，这可是一个不小的工作量。

计划部门下达计划后，发送给制造工程部（ME）并打印生产流转单。流转单上记录生产料号和订单号，这张流转单由制造工程部交给仓库进行发料。从这个流程来看，HB公司的生产基本属于按订单生产的模式。

采购订单也由计划部门根据生产计划和BOM计算后下达，国内的供应商一般为1个月的确认订单和3个月的采购预测订单，海外供应商为6个月的采购预测订单。沟通方式为电子邮件形式。

生产辅料的品种也不少，有些使用频率高的物品不能忽略。另外就是要注意化学品的安全储存要求（MSDS），这对以后建设化学品仓库尤为重要。同时，对危废化学品的存储和处理也要有详细的了解。

经过半天的询问，我们对剩下的这部分信息有了大致的了解。在填写了相应模板后，在下午和LZ经理做了简短的汇报。LZ经理对团队的努力表示肯定和鼓励。但这只是开始，后面的数据信息分析和整理将更艰巨。下周注定还是繁忙的，阶段性的沟通和总结可以保证团队始终走在一致的方向上。我们的项目刚刚上路！

小提示：

前期的信息收集过程是项目成功的重要一步。往往客户需求信息收集并不困难，因为工厂对此比较重视，表述也很清晰明了，但恰恰自己内部的生产信息细节收集起来并不轻松。方方面面的信息都掌握在不同职能部门手里，而职能部门的工作又彼此相对独立，互相并不十分了解对方的工作（这正是工厂在日常管理中缺乏系统性和大局观造成的）。

第5天 关于 J 成本理论的计算方法讨论

今天北京天气很好，气温的升高让京城有了些许生机。我错开早高峰，在早上 10 点 10 分到达位于东三环的办公室。EL 已经在办公室里，互相的微笑已经是我们默契的招呼了。

今天的任务是研究下一步具体行动的内容。对于物流规划，根据数据计算物流运量，并标记在物流网络图上是必需的，物流节点的安放可以随后进行。然后是进行价值流的设计（VSD），这些工作都没有疑问。HB 工厂有三家海外供应商，而且和 HB 公司的协议是出工厂即完成交货的模式（EXW），也就是说对于采用何种物流的方式由 HB 公司自己选择。国内的物流多采用汽车运输，海外供应商的物流包括海运、铁路和空运三种方式，到达国内后再结合汽车运输完成物流任务。如何选择合理的运输方式是重要的课题，对于物流方式的选择如果单一考虑成本因素是不合理的，需要综合平衡运输成本和运输时间因素。在这里需要引入 J 成本理论进行计算和比较。

J 成本理论阐明了在加入时间因素后产品收益力的计算。我们知道原材料在投入生产流程前有一定的材料成本。随着流程的运转，时间的推移，还有不断的成本投入，最终完成成品的制造。传统计算利润的方法是

$$利润率(收益力) = \frac{毛利}{销售成本}$$

式中 毛利＝产品售价–销售成本。

但是销售成本的形成时间长短并没有体现在这个公式里。其实对于同样的销售成本，一个更快的流程将加快实现收益的速度，提高工厂的收益能力，这很好理解。因此我们可以绘制一个时间和成本组成的坐标系。如图 1-8 所示。

很明显，由时间和成本组成的梯形面积对于快慢流程来说是不同的。J 成本指的就是这个时间和成本组成的面积。在 J 成本理论下的收益力计算则变为

$$收益力 = \frac{毛利}{J 成本面积}$$

J 成本理论解释了为什么缩短生产流程周期时间可以提高产品的收益力。同样，在物流环节 J 成本理论可以用来衡量不同物流方式带来的收益力。我们

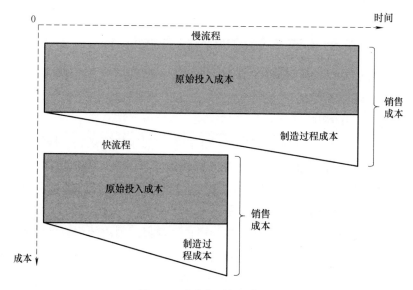

图 1-8　成本与时间坐标系

来看一下有关物流的例子。

1. 不考虑物流的情况

产品售价：P

销售成本：C

毛利 $R = P - C$

库存周转时间：T_{m}

$$库存的资产量 = CT_{\mathrm{m}}$$

（注意：这里的库存资产量是 J 成本计算的一个量值，和财务定义的库存资产量不是一个概念。）

$$收益力\ E = \frac{P-C}{C} T_{\mathrm{m}} = \frac{R}{C} T_{\mathrm{m}}$$

2. 考虑物流影响的情况

物流成本：F

物流运输时间：T_{s}

$$库存资产量 = CT_{\mathrm{s}} + CT_{\mathrm{m}}$$

$$毛利\ R_{\mathrm{s}} = P - C - F = R - F$$

$$收益力\ E_{\mathrm{s}} = \frac{R_{\mathrm{s}}}{CT_{\mathrm{s}} + CT_{\mathrm{m}}} = \frac{R-F}{CT_{\mathrm{s}} + CT_{\mathrm{m}}}$$

$$= \frac{R\left(1-\dfrac{F}{R}\right)}{CT_{\mathrm{m}}\left(1+\dfrac{T_{\mathrm{s}}}{T_{\mathrm{m}}}\right)}$$

$$= \frac{E\left(1-\dfrac{F}{R}\right)}{1+\dfrac{T_{\mathrm{s}}}{T_{\mathrm{m}}}}$$

这里我们引入物流系数的概念，物流系数

$$D = \frac{1-\dfrac{F}{R}}{1+\dfrac{T_{\mathrm{s}}}{T_{\mathrm{m}}}}$$

则 J 成本理论在考虑物流因素的情况下的收益力

$$E_{\mathrm{s}} = E \times D$$

我们变形一下这个公式，物流系数

$$D = \frac{E_{\mathrm{s}}}{E}$$

这更利于我们对收益力的理解，物流系数 D 反映了物流系统的效率。物流效率越高则 E_{s} 越接近于没有物流因素影响下的 E 值，则 D 值约接近于 1。同样的产品在采用不同物流方式时，可以通过计算物流系数 D 值进行比较，D 值最大的则为更优选的物流方式。

库存周转天数下的库存量由安全库存和周转库存组成，要考虑如下因素：

> 物流运输时间。
> 从下达采购订单到供应商出货的周期时间。
> 每次运输的数量。
> 运输频次。
> 库存消耗量的标准偏差（以月和天为单位均可，与运输时间使用同一单位。通常为天）。
> 从入库到可以出库的时间（卸载、检验、进库位等时间的总和）。

其中，采购订单周期时间、运输时间、消耗量标准偏差是计算安全库存量

的因子。安全库存计算公式为

$$安全库存 = 用量标准差 \times \sqrt{采购周期} \times 安全系数$$

这里我们提到了库存周转率的概念，库存周转率并不是一个百分比的比率。它表明一年中该库存能够周转的次数，因此它的计算为

$$库存周转率 = \frac{365}{库存周转天数}$$

这些只是物流规划中的前期计算，前提是各种物料和物流数据要收集全并且准确。

目前，小 Q 和 Y 先生还在筛选数据，希望一切进展顺利！

小结：

J 成本理论对国内物流规划来说是一个比较新的概念。起初，田中正知教授提出此概念是为了更好地解释在丰田生产系统中缩短生产周程时间可以提高利润率的问题。同时，该理论课可以解释不同利润率产品采用何种物流方式更为合理的问题。

我们首次尝试把 J 成本理论应用于物流规划的项目，以便突破传统规划项目中只注重物流成本本身而忽略物流时间对产品收益力造成的影响。在项目的总结篇章中，我们也详细解释了 J 成本的应用限制和它在其他领域可能产生的借鉴作用。

理想状态的设计

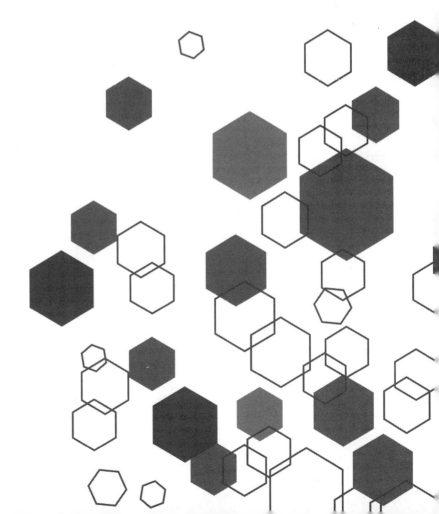

第6天 价值流设计和物流网络图准备

一周的数据收集并没有预想的顺利，数据掌握在许多不同的职能部门的手里，细碎的数据收集整理并不容易。现有的数据可以先进行计算和整理了。

这周 HB 公司收拾了一间办公室作为项目作战室，虽说简陋了些，倒也还算干净。我们把早已准备好的文具箱搬到作战室，开始着手布置墙面的背景纸。

设计新工厂的未来价值流程图（VSM）是必不可少的。物流规划项目还需要了解客户、生产工厂和供应商的地理位置以及一张当前的物流网络图。

绘制当前状态的价值流程图多用于发现物料流和信息流在生产过程中存在的问题。根据未来的生产要求和成本目标绘制未来的价值流程图，再对比两张价值流程图后找到未来改善的目标。对于一个全新的工厂没有当前价值流程图可言，这就涉及依据工厂对客户需求的应对策略进行价值流程图的设计。HB 公司并不属于一个全新的工厂，之前其生产团队也绘制过价值流程图，但没有规划新生产线的未来价值流程模样。这也是一项艰巨的任务。

供应链物流网络图表明供应商、生产工厂和客户之间的物流关系。包括各物流关系之间的物流当量和运输距离，因为要设计新的物流关系，所以当前的运输模式只能作为参考。但客户对物流的要求，比如送货频次、包装形式以及原料在运输和存储过程中的要求等信息都是影响物流的重要限制条件，非常重要。为了使网络图更加直观，可以用不同的颜色代表工厂、客户和供应商，用线的粗细表明物流当量。需要注意的是，HB 工厂的物流项目仅仅要求为新客户设计物流系统是考虑欠妥的。物流系统应该基于该工厂的全部客户及供应商供货情况进行整体规划和设计，这样才能有效整合由供应商、客户和仓储空间组成的物流运输网络，使其达到效率和成本的最优化。如果能在各个事业部之间展开这样的优化项目是最理想的，但限于运营和财务事宜，这样的优化项目需要来自高层的有力支持才能开展。

明确了思路，接下来就是准备好需要用到的图样，然后进行裁剪。这项工作需要细心和耐心，如果能有个项目助理当然是最好的了。

第7天　物流及仓储信息的分析计算　<<<

今天要将剪好的图表张贴成图表的格式展示出来。我和 EL 回顾了收集到的信息和计算的数据结果。

1. 出货和进货信息

HB 公司的客户的需求预测是未来一年 50 万套 ST，其他组件一年 100 万套，这是其产能规划的结果。按月下确定的订单，按天发货，要求有 30 天的库存量。客户距离 HB 公司大约 1050km。包装按最大托盘的尺寸估计为 1200mm×1000mm×800mm，暂时不接受周转包装箱。客户可能出现的需求波动为 ±20%。成品部件的重量和包装信息见表 2-1。

表 2-1　成品部件的重量和包装信息

名称	单套数量/个	单部件重量/kg	每托盘数量/个
ST1	1	0.666	1000
ST2	1	0.639	1000
ST3	1	0.627	1000
ST4	1	0.608	1000
ER	2	0.067	7200
EB1	2	0.18	2520
EB2	1	0.18	2520
EB3	1	0.203	2100
CS1	3	0.108	2700
CS2	1	0.127	2700
BR1	3	0.054	2100
BR2	1	0.045	7200

因为飞翼式货车有极好的装卸效率，所以客户推荐使用 9.6m 左右的飞翼式货车运输。

一共有 5 家供应商为该产品提供原料件。其中 2 家是国内供应商，3 家是海外供应商。供应商供货信息见表 2-2。

表 2-2 供应商供货信息

层级	名称	物料号	数量/个	供应商	与 HB 公司的距离/km	每托盘数量/个
1	S1	ST10011	1	SU1	180	1200
1	S2	ST20011	2	SU1		1200
1	S4	ST40011	1	SU1		1200
1	T1	ST10012	1	SU2	1650	1440
1	T2	ST20012	1	SU2		1440
1	T3	ST30012	1	SU2		1200
1	T4	ST40012	1	SU2		1440
1	D	SP10000	12	OS1	8700	40500
0	ER	ER10000	2	OS2	8700	4700
0	EB1	EB10001	2	SU1		2592
0	EB2	EB10002	1	SU1		2592
0	EB3	EB10003	1	SU1		3024
0	CS1	CS10001	3	OS1		2700
0	CS2	CS10002	1	OS1		2700
0	BR1	BR10001	3	OS3	8700	5460
0	BR2	BR10002	1	OS3		5460

国内供应商采用汽车运输。海外供应商有 3 种运输方式，其周期时间约为：空运 7 天、海运 60 天、铁路运输 35 天。这其中包含通关时间和到达国内港口后再运至 HB 公司的时间。空运和海运均到达上海港，铁路运输到达 ZZ 城口。供应商包装也暂时没有周转需求。

除此之外，HB 公司还有其他项目的 8 个客户和 11 个国内供应商。

2. 生产信息

因为是新生产线，有些设备数据并不齐全。对于供应链规划可以先不必考虑较微观的数据，在做价值流设计时则需要越细致的数据越好。目前我们收集的信息是 S1、S2、S4 的生产节拍 8s。EB1-3 与 S 系列件有共用工序，ER 件只有单独的一个加工工序之后才可以包装发运，CS1 和 CS2 为进口件，不需要任何加工可直接发至客户。

对于供应链，生产的周期时间和质量报废率是重要信息，它反映了物料流过生产流程的过程能力。很遗憾，我们还没有得到 Y 先生的信息回复。

3. 物流运输当量的计算

外部运输当量的单位可以为××t/天，内部运输也可以以小时为单位计算。根据上述的数据，我们可以计算出该客户当前的外部出货物流当量值，为每天约15托盘，10t。同理，可计算供应商运输当量，见表2-3。

表2-3 供应商运输当量

供应商	运量单位	运量	托盘数量圆整
OS1	托盘/天	0.5	0.5
	t/天	0.1	—
OS2	托盘/天	0.8	1
	t/天	0.3	—
OS3	托盘/天	1.3	1.5
	t/天	0.6	—
SU1	托盘/天	6.8	9
	t/天	4	—
SU2	托盘/天	5.3	5.5
	t/天	3.6	—

标注客户和供应商的地理位置可以看到大致的运输线路，从而发现其中可能的优化路线，如图2-1所示。

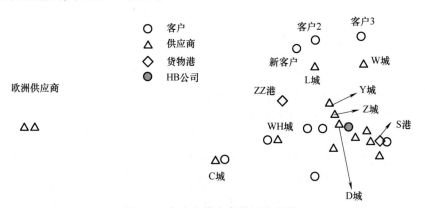

图2-1 客户和供应商位置分布图

4. 库存面积的粗略计算

仓储货架的尺寸按普通规格的重型货架尺寸，安放1200mm×1000mm×800mm的托盘，每层放2托盘，最高7层（按仓库高度）。货架背靠背放置，货架间预留 3.6m 宽的叉车回转空间。货架的占地面积估算如图 2-2 所示。

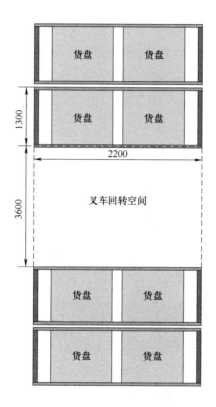

图 2-2　货架的占地面积估算

2×7 即 14 托盘的货架占地面积约 3.1m×2.2m＝6.8m²，由此可估算成品库面积为

正常值：$\dfrac{15 \text{ 托盘/天} \times 30 \text{ 天}}{14 \text{ 托盘}} \times 6.8\text{m}^2 = 219\text{m}^2$

最大值：$\dfrac{18 \text{ 托盘/天} \times 30 \text{ 天}}{14 \text{ 托盘}} \times 6.8\text{m}^2 = 262\text{m}^2$

这里的 219m² 只是货物库存面积，实际仓库还应包括附属设施的备用区域，该区域约占库存面积的 40%。那么总面积大约为 307m²。

对于原材料库存面积需要预估一下其安全库存和周转库存的存货量，按同样的方法进行估算。

第8天　物流网络图和价值流程图的绘制　<<<

　　昨天忙活了一天，今天桌上多了一枝玫瑰，以为是谁慰问我们一下，原来小Q把公司发的三八节小福利落在办公室了。即便是小插曲，办公室也多了些生气，让人舒服许多。

　　今天因为有项目的阶段汇报会议，HB公司的总经理LZ先生和布局项目的负责人K先生都会参加，我们要回顾好这几天的项目成果并且完成阶段报告。

　　成品库存面积已有了估算结果，原材料供应商我们还需进一步研究。好在这个项目的供应商并不复杂，按照收集到的信息来看，国内供应商如果选择公路运输，SU1可1天运到，SU2大约5天运到；海外供应商可以选择每月发货，先期按30天库存规划。因为缺少用量的波动信息，对于国内供应商可保留1倍运输时间的库存作为安全库存计算，以运输时间的库存作为周转库存。由此计算出原材料库存一共大约占$300m^2$。该面积包括拆包区、来料检验区、不合格品隔离区、分拣区以及附属设施的备用区域，这在仓库规划时应予以注意。

　　我们根据了解到的信息也绘制了HB公司的供应链网络图，如图2-3所示。

　　我们暂时将此时绘制的价值流程图命名为方案1（以备区别其他方案），HB公司方案1的价值流程图如图2-4（见书后插页）所示。

　　下午的会议进行得很顺利，EL做了非常精彩的汇报，各位老板也比较满意。这里EL特别提到了关于进口物料的退税问题。退税对有进口物料的企业来说是非常大的一笔税收节约，但需要对特别允许退税的合同物料进行相应管理。在仓库空间要为其规划指定的隔离区，并跟踪物料使用情况，随时准备接受海关人员对物料的检查。特别是有物料清退和相同进口物料需用在不同订单的情况要遵照相应的流程，做好隔离和追踪。

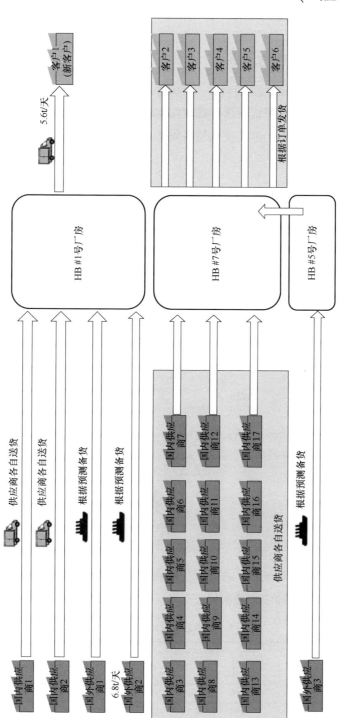

图 2-3 HB 公司的供应链网络图

第9天　J成本的物流系数计算

从今天开始进行出货的物流计算。物流线路的设计首先从概念设计开始，先从理想状态入手，模式完成后再考虑实际存在的约束条件。根据约束条件进行设计的调整并逐渐细化，直至完成所有设计。这和结构化布局规划时的逻辑是一样的。

国内出货物流规划

物流线路的规划要按地域划分进行分类和系统性考虑。HB 公司在北方有一个客户，5 家国内供应商，但没有为这家新客户提供原材料的供应商。

该区域的 HB 公司客户及北方供应商地理位置如图 2-5 所示。

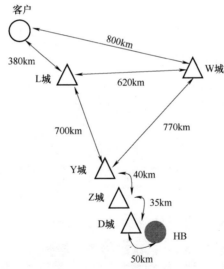

图 2-5　HB 公司客户及北方供应商地理位置

物流任务由物流公司承担，有零担运输和飞翼货车整车运输两种方式。由物流部门提供的零担运输成本数据见表 2-4。

表 2-4　零担运输成本数据

运输里程	运费/(元/t)				运输时间
/km	≤5t	≤10t	≤30t	>30t	/天
180	300	250	200	150	1
320	500	450	400	250	1

（续）

运输里程	运费/（元/t）				运输时间
/km	≤5t	≤10t	≤30t	>30t	/天
400	550	500	450	350	1
700	650	600	550	500	2
720	750	700	550	500	2
1000	750	700	650	600	3
1050	700	680	650	600	3
1100	850	900	800	700	3
1650	1050	1000	900	800	4

飞翼整车运输成本数据见表2-5。

表2-5 飞翼整车运输成本数据

运输里程/km	运费/（元/t）			运输时间/天
	9.6m 车满载 10t	12.5m 车满载 20t	14.6m 车满载 25t	
180	2200	2800	3800	0.5
320	3200	4100	4800	0.5
400	4000	5000	5500	0.5
700	7500	9000	10500	1
720	7800	9500	11000	1
1000	10000	13000	14500	2
1050	10000	13000	14500	2
1100	12000	16000	18500	2
1650	13000	23000	26000	2

北方各目的地每天的运输吨位数见表2-6。

表2-6 北方各目的地运输吨位数

目的地	与 HB 公司的距离/km	每天运输吨位/t
客户	1050	10
W 城	870	0.4
L 城	800	1.9
Y 城	130	0.5
Z 城	80	0.3
D 城	50	1.7

有了运输成本数据和运输的当量数据就可以着手绘制 J 成本的成本面积参数数据图表了。

$$运输单位成本面积=运输单位成本×运输天数$$

因为所提供的运输成本数据不够细致，所以我们可以先做出 J 成本面积（也可称为 J 成本系数）的对查表，方便在不同方案中查询成本系数（CT_s）。成本系数的单位可以用元·天/（t·km）表示。

对于飞翼整车的运输，如果装载率低于50%，其运输成本过大，可以在计算时忽略这部分数据。根据以上提供的信息，我们绘制了 HB 公司的国内运输 J 成本系数趋势图。

零担运输（LTL）和飞翼整车运输（FTL）的 J 成本系数趋势图如图 2-6~图 2-9 所示。

在工厂执行供应链管理的部门如果能收集到更详细的数据，比如每隔100km 的运输成本值，那么 J 成本系数曲线就可以绘制得更加圆滑，为以后进行供应链策略制订和改善提供更精确的数据输出。这一点物流人员一定要认真对待。

HB 公司在北方的物流可以有 5 种选择，方案 1 是每个目的地都和 HB 公司单独进行物流运输，如图 2-10 所示。

方案 2 是先从 HB 公司出发至客户处进行出货物流，之后货车经 W 城装载原材料后至 L 城再依次通过 Y 城、Z 城和 D 城，将各供应商的货物运至 HB 公司。这样北方各目的地的物流线路形成 milk run（牛奶环），如图 2-11 所示。

方案 3 是 HB 公司先将成品运至客户处，之后货车直接经过较近的 L 城供应商，W 城的原材料也运至 L 城与准备返回的成品货车完成原材料货物交接，然后再经 Y 城、Z 城和 D 城返回并带回各供应商原材料，如图 2-12 所示。

方案 4 是在 W 城的供应商将原材料运至客户处，与从 HB 公司出发进行出货物流的货车在客户处完成货物交接。之后成品货车再走与方案 3 中相同的线路返回并带回各个供应商的原材料货物，如图 2-13 所示。

方案 5 是从 HB 公司出发的成品货车走与方案 4 中相同的返回线路，并带回 L 城、Y 城、Z 城和 D 城的原材料货物。W 城的供应商单独完成自己到 HB 公司的物流，不参与 milk run 循环，如图 2-14 所示。

LTL 载重吨位/t	CT_s/[元·天/(t·km)]			
运输距离/km	≤5	≤10	≤30	>30
180	1.667	1.389	1.111	0.833
320	1.563	1.406	1.25	0.781
400	1.375	1.25	1.125	0.875
700	1.857	1.714	1.571	1.429
720	2.083	1.944	1.528	1.389
1000	2.25	2.1	1.95	1.8
1050	2	1.943	1.857	1.714
1100	2.727	2.455	2.182	1.909
1650	3.182	3.03	2.727	2.424

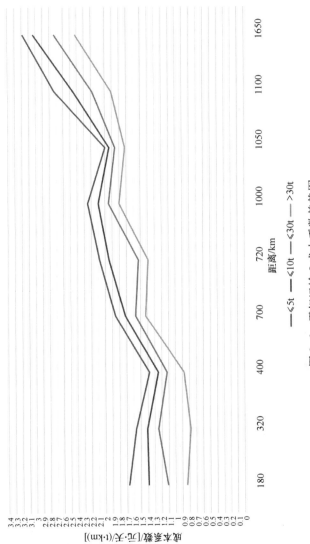

图2-6　零担运输J成本系数趋势图

FTL						运输周期/天
载重吨位/t	5	6	7	8	9	10	
	CT_s/[元·天/(t·km)]						
运输距离/km 180	1.222	1.019	0.873	0.764	0.679	0.611	0.5
320	1.000	0.833	0.714	0.625	0.556	0.500	0.5
400	1.000	0.833	0.714	0.625	0.556	0.500	0.5
700	2.143	1.786	1.531	1.339	1.190	1.071	1
720	2.167	1.806	1.548	1.354	1.204	1.083	1
1000	4.000	3.333	2.857	2.500	2.222	2.000	2
1050	3.810	3.175	2.721	2.381	2.116	1.905	2
1100	3.818	3.182	2.727	2.386	2.121	1.909	2
1650	4.121	3.434	2.944	2.576	2.290	2.061	2

FTL												运输周期/天
载重吨位/t	10	11	12	13	14	15	16	17	18	19	20	
	CT_s/[元·天/(t·km)]											
运输距离/km 180	0.778	0.707	0.648	0.598	0.556	0.519	0.486	0.458	0.432	0.409	0.389	0.5
320	0.641	0.582	0.534	0.493	0.458	0.427	0.4	0.377	0.356	0.337	0.32	0.5
400	0.625	0.568	0.521	0.481	0.446	0.417	0.391	0.368	0.347	0.329	0.313	0.5
700	1.286	1.169	1.071	0.989	0.918	0.857	0.804	0.756	0.714	0.677	0.643	1
720	1.319	1.199	1.1	1.015	0.942	0.88	0.825	0.776	0.733	0.694	0.66	1
1000	2.6	2.364	2.167	2	1.857	1.733	1.625	1.529	1.444	1.368	1.3	2
1050	2.476	2.251	2.063	1.905	1.769	1.651	1.548	1.457	1.376	1.303	1.238	2
1100	2.909	2.645	2.424	2.238	2.078	1.939	1.818	1.711	1.616	1.531	1.455	2
1650	2.788	2.534	2.323	2.145	1.991	1.859	1.742	1.64	1.549	1.467	1.394	2

图2-7 9.6m飞翼整车运输J成本系数趋势图

—10t　—9t　—8t　—7t　—6t　—5t

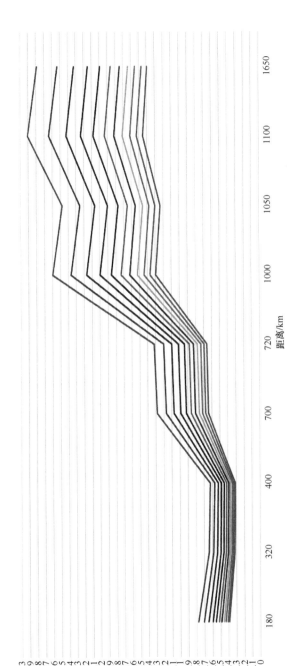

FTL		CT_s/[元·天/(t·km)]											运输周期/天	C
载重吨位/t		20	19	18	17	16	15	14	13	12	11	10		
运输距离/km	180	0.389	0.409	0.432	0.458	0.486	0.519	0.556	0.598	0.648	0.707	0.778	0.5	0.78
	320	0.32	0.337	0.356	0.377	0.4	0.427	0.458	0.493	0.534	0.582	0.641	0.5	0.64
	400	0.313	0.329	0.347	0.368	0.391	0.417	0.446	0.481	0.521	0.568	0.625	0.5	0.63
	700	0.643	0.677	0.714	0.756	0.804	0.857	0.918	0.989	1.071	1.169	1.286	1	0.64
	720	0.66	0.694	0.733	0.776	0.825	0.88	0.942	1.015	1.1	1.199	1.319	1	0.66
	1000	1.3	1.368	1.444	1.529	1.625	1.733	1.857	2	2.167	2.364	2.6	2	0.65
	1050	1.238	1.303	1.376	1.457	1.548	1.651	1.769	1.905	2.063	2.251	2.476	2	0.62
	1100	1.455	1.531	1.616	1.711	1.818	1.939	2.078	2.238	2.424	2.645	2.909	2	0.73
	1650	1.394	1.467	1.549	1.64	1.742	1.859	1.991	2.145	2.323	2.534	2.788	2	0.70

图2-8　12.5m飞翼整车运输J成本系数趋势图

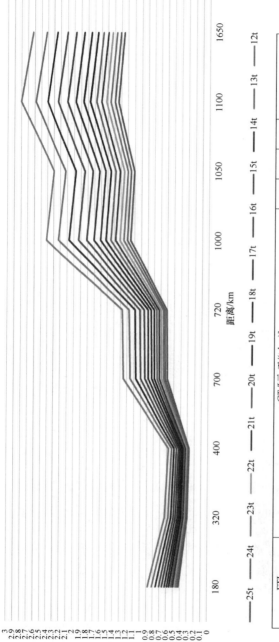

图 2-9 14.6m 飞翼整车运输 J 成本系数趋势图

FTL														
载重吨位/t						CT_J/[元·天/(t·km)]								运输周期/天
	25	24	23	22	21	20	19	18	17	16	15	14	13	12	
运输距离/km	180	0.422	0.44	0.459	0.48	0.503	0.528	0.556	0.586	0.621	0.66	0.704	0.754	0.812	0.88	0.5
	320	0.3	0.313	0.326	0.341	0.357	0.375	0.395	0.417	0.441	0.469	0.5	0.536	0.577	0.625	0.5
	400	0.275	0.286	0.299	0.313	0.327	0.344	0.362	0.382	0.404	0.43	0.458	0.491	0.529	0.573	0.5
	700	0.6	0.625	0.652	0.682	0.714	0.75	0.789	0.833	0.882	0.938	1	1.071	1.154	1.25	1
	720	0.611	0.637	0.664	0.694	0.728	0.764	0.804	0.849	0.899	0.955	1.019	1.091	1.175	1.273	1
	1000	1.16	1.208	1.261	1.318	1.381	1.45	1.526	1.611	1.706	1.813	1.993	2.071	2.231	2.417	2
	1050	1.105	1.151	1.201	1.255	1.315	1.381	1.454	1.534	1.625	1.726	1.841	1.973	2.125	2.302	2
	1100	1.345	1.402	1.462	1.529	1.602	1.682	1.77	1.869	1.979	2.102	2.242	2.403	2.587	2.803	2
	1650	1.261	1.313	1.37	1.433	1.501	1.576	1.659	1.751	1.854	1.97	2.101	2.251	2.424	2.626	2

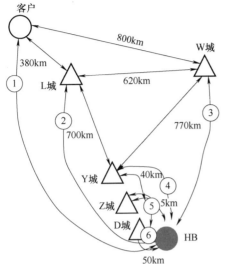

图 2-10　出货物流方案 1

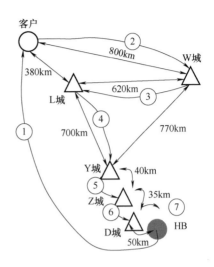

图 2-11　出货物流方案 2

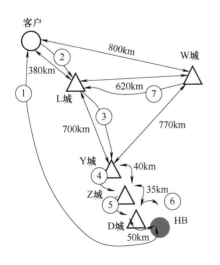

图 2-12　出货物流方案 3

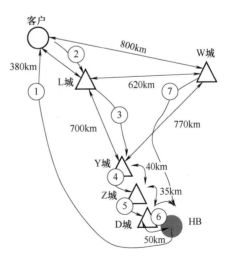

图 2-13　出货物流方案 4

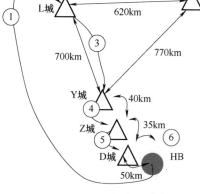

图 2-14　出货物流方案 5

　　在进行方案讨论和设计时，团队往往在没有进行细致分析的情况下就否定某个方案，这种做法是错误的。仅凭直觉或是凭经验在心里已经认准某一方案都会导致在其后的分析论证中，因为明显的倾向性使数据分析变成证明某一方案的过程而不是客观的分析和论证。对每一方案的优缺点都能得出明确的结论才能让最终确认的优选方案在进行细节设计时得到更优的结果。

　　在详细讨论了今天的结果后，我和 EL 终于赶上回酒店的班车。劳累的一天让我们晚餐时的一点点小酌显得无比享受。对于咨询师来说，这可能是最惬意的短暂时光了。

　　明天还将继续完成国内出货物流的计算分析，同时 EL 着手的国际出货物流分析也将细致展开。

第10天 基于方案1的5种出货物流方案的评估

今天我们就昨天讨论的5种情形进行深入分析。HB公司在北方的供应商运输当量分别是：客户成品每天10t；L城每天1.9t；W城每天0.4t；Y城每天0.5t；Z城每天0.3t；D城每天1.7t。这里需要考虑零担运输、飞翼整车运输以及零担和飞翼组合的运输方式。

方案1，按照图2-10上标注的运输距离，累加得到运输距离共2980km。由每天运输当量和上述的J成本的系数表，我们可以很轻松地查到各运输距离和运输当量下的J成本系数。表2-7为方案1的J成本数据表，运输线路见第9天的图2-5。

表 2-7 方案 1 的 J 成本数据表

路线编号	方案1		CT_s/[元·天/(t·km)]		
	距离/km	每日运量/t	LTL	FTL	FTL+LTL
1	1050	10	1.943	1.905	1.905
2	800	1.9	2.15	NA	2.15
3	870	0.4	2.2	NA	2.2
4	130	0.5	1.7	NA	1.7
5	80	0.3	1.7	NA	1.7
6	50	1.7	1.7	NA	1.7
累加	2980		11.393		11.355

当装载量小于50%，如果用飞翼整车运输，将急剧加大成本，因此可以省略这部分的数据。当全部线路采用零担运输，则系数累加为11.393元·天/(t·km)，当采用零担和飞翼组合的运输方式，则系数累加为11.355元·天/(t·km)，因此采用组合运输将更合适。

线路1是HB公司的成品运输线路，因此返回时是空车运行。在方案2和方案3中的线路2是空驶行程（如果有回用的包装则更有优势），使用同一车辆进行milk run是不合适的，所以我们可以将这两个方案进行合并，即取消线路2，HB公司的成品运输单独进行，其他供应商则利用milk run进行运输。从这两种方案的数据结果也可以说明这个问题。J成本数据计算见表2-8和表2-9。

表2-8 方案2的J成本数据表

路线编号	方案2		$CT_s/[元·天/(t·km)]$		
	距离/km	每日运量/t	LTL	FTL	FTL+LTL
1	1050	10	1.943	1.905	1.905
2	800	0	0	NA	0
3	620	0.4	1.75	NA	1.75
4	700	2.3	1.86	NA	1.86
5	40	2.8	1.7	NA	1.7
6	35	3.1	1.7	NA	1.7
7	50	4.8	1.7	NA	1.7
累加	2495		10.653		10.615

表2-9 方案3的J成本数据表

路线编号	方案3		$CT_s/[元·天/(t·km)]$		
	距离/km	每日运量/t	LTL	FTL	FTL+LTL
1	1050	10	1.943	1.905	1.905
2	380	0	0	NA	0
3	700	2.3	1.87	NA	1.87
4	40	2.8	1.7	NA	1.7
5	35	3.1	1.7	NA	1.7
6	50	4.8	1.7	NA	1.7
7	620	0.4	1.75	NA	1.75
累加	2495		10.663		10.625

方案2和方案3的最终结果为运输距离2495km，方案二零担运输系数累加为10.653，组合形式运输系数累加为10.615，因此采用方案二零担和飞翼组合的运输方式较为合适。

方案4和方案5的J成本数据比较分别见表2-10和表2-11。

表2-10 方案4的J成本数据表

路线编号	方案4		$CT_s/[元 \cdot 天/(t \cdot km)]$		
	距离/km	每日运量/t	LTL	FTL	FTL+LTL
1	1050	10	1.943	1.905	1.905
2	380	0.4	1.4	NA	1.4
3	700	2.3	1.9	NA	1.9
4	40	2.8	1.7	NA	1.7
5	35	3.1	1.7	NA	1.7
6	50	4.8	1.7	NA	1.7
7	800	0.4	2.18	NA	2.18
累加	3055		12.523		12.485

表2-11 方案4的J成本数据表

路线编号	方案5		$CT_s/[元 \cdot 天/(t \cdot km)]$		
	距离/km	每日运量/t	LTL	FTL	FTL+LTL
1	1050	10	1.943	1.905	1.905
2	380	0	0	NA	0
3	700	1.9	1.9	NA	1.9
4	40	2.4	1.7	NA	1.7
5	35	2.7	1.7	NA	1.7
6	50	4.4	1.7	NA	1.7
7	870	0.4	2.2	NA	2.2
累加	2745		11.143		11.105

　　各个方案的数据计算结果出来之后，就可以进行方案间的横向比较。我们可以直观地将其制成柱状图，如图2-15所示。

　　由此，我们不难得出结论，采用方案2和方案3的运输线路，并全部采用零担运输形式为较低的成本模式。

　　上述分析是基于理想状态（即成品每天运输一次的情况）得出的。就方案2和方案3进一步讨论，即在此模式下如果采取不同的运输频次对J成本有什么影响呢？我们还得继续分析一下不同运输频次下的J成本和库存天数的结果。假设运输频次分别减小到每2~10天运输一次的情况，相对单次的运输量和HB公司的成品缓冲库存面积都会有所增加。同样可以从成本系数表中查得

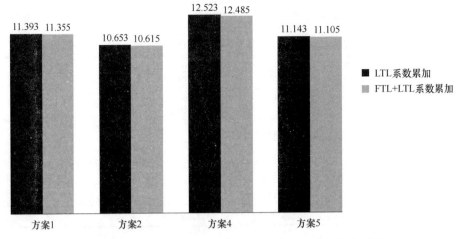

图2-15 方案1、方案2、方案4和方案5的J成本对比图

数据，要注意的是对零担、飞翼整车运输车和零担与飞翼整车组合的运输方式进行比较，取最小值作为最后结果。从HB公司至客户的线路1不同方式运输频次对J成本的影响见表2-12~表2-14，表2-15为最终J成本的结果。

表2-12 零担方式运输频次对J成本的影响

每日运量/t	运输频次/(天/次)	C 运输成本 [元/(t·km)]	T_s 运输周期/天	T_m 缓冲库存/天	周转库存/天	CT_s J成本系数/[元·天/(t·km)]	$C(T_s+T_m)$ 总J成本系数/[元·天/(t·km)]
10	1	0.65	3	1.5	30	1.95	22.425
	2	0.62	3	2.5	30	1.86	22.010
	3	0.62	3	4.0	30	1.86	22.940
	4	0.57	3	5.0	30	1.71	21.660
	5	0.57	3	6.0	30	1.71	22.230
	6	0.57	3	7.0	30	1.71	22.800
	7	0.57	3	8.0	30	1.71	23.370
	8	0.57	3	9.0	30	1.71	23.940
	9	0.57	3	10.0	30	1.71	24.510
	10	0.57	3	11.0	30	1.71	25.080

表 2-13　飞翼整车方式运输频次对 J 成本的影响

每日运量/t	运输频次/(天/次)	运输距离：1050km						运输模式
		C	T_s	T_m		CT_s	$C(T_s+T_m)$	
		运输成本 [元/(t·km)]	运输周期/天	缓冲库存/天	周转库存/天	J成本系数/[元·天/(t·km)]	总J成本系数/[元·天/(t·km)]	
10	1	0.95	2	1.5	30	1.9	31.825	9.6n FTL
	2	0.62	2	2.5	30	1.24	21.390	12.5n FTL
	3	0.79	2	4.0	30	1.58	28.440	9.6m FTL+12.5m FTL
	4	0.62	2	5.0	30	1.24	22.940	12.5m FTL
	5	0.55	2	6.0	30	1.1	20.900	14.6m FTL
	6	0.62	2	7.0	30	1.24	24.180	12.5m FTL
	7	0.59	2	8.0	30	1.18	23.600	12.5m FTL+14.6m FTL
	8	0.62	2	9.0	30	1.24	25.420	12.5m FTL
	9	0.59	2	10.0	30	1.18	24.780	12.5m FTL+14.6m FTL
	10	0.55	2	11.0	30	1.1	23.650	14.6m FTL

表 2-14　零担和飞翼整车组合方式运输频次对 J 成本的影响

每日运量/t	运输频次/(天/次)	运输距离：1050km						运输模式
		C	T_s	T_m		CT_s	$C(T_s+T_m)$	
		运输成本 [元/(t·km)]	运输周期/天	缓冲库存/天	周转库存/天	J成本系数/[元·天/(t·km)]	总J成本系数/[元·天/(t·km)]	
10	1	0.62	3.0	1.5	30	1.86	21.390	L TL
	2	0.62	2.0	2.5	30	1.24	21.390	12.5m FTL
	3	0.61	2.5	4.0	30	1.525	22.265	14.6m FTL+LTL
	4	0.59	2.5	5.0	30	1.475	22.125	14.6m FTL+LTL
	5	0.55	2.0	6.0	30	1.1	20.900	14.6m FTL
	6	0.60	2.5	7.0	30	1.5	23.700	14.6m FTL+LTL
	7	0.59	2.5	8.0	30	1.475	23.895	14.6m FTL+LTL
	8	0.61	2.5	9.0	30	1.525	23.315	14.6m FTL+LTL
	9	0.59	2.5	10.0	30	1.475	25.075	14.6m FTL+LTL
	10	0.55	2.0	11.0	30	1.1	23.650	14.6m FTL

　　当运输频次超过5天1次时，J成本面积会急剧增加，也就是该产品的收益力将会大幅度下降，见表2-15。因此，利用货车运输频次不宜超过5天，

最好为每 5 天 1 次。

表 2-15 最终 J 成本的计算结果

每日运量/t	运输频次/(天/次)	C 运输成本[元/(t·km)]	T_s 运输周期/天	T_m 缓冲库存/天	周转库存/天	CT_s J成本系数/[元·天/(t·km)]	$C(T_s+T_m)$ 总J成本系数/[元·天/(t·km)]	运输模式
10	1	0.62	3.0	1.5	30	1.86	21.390	LTL
	2	0.62	2.0	2.5	30	1.24	21.390	12.5m FTL
	3	0.61	2.5	4.0	30	1.525	22.265	14.6m FTL+LTL
	4	0.57	3.0	5.0	30	1.71	21.660	LTL
	5	0.55	2.0	6.0	30	1.1	20.900	14.6m FTL
	6	0.57	3.0	7.0	30	1.71	22.800	LTL
	7	0.57	3.0	8.0	30	1.71	23.370	LTL
	8	0.57	3.0	9.0	30	1.71	23.940	LTL
	9	0.57	3.0	10.0	30	1.71	24.510	LTL
	10	0.55	2.0	11.0	30	1.1	23.650	14.6m FTL

（运输距离：1050km）

这条线路铁路运输也提供零担散货运输服务，我们应该加以考虑。铁路运输时间可以如图 2-16 所示信息进行估算。

> 货物运到期限按日计算。
> 起码天数为 3 天，即运到期限不足 3 天，按 3 天计算。

运到期限由三部分组成：
货物发送期间（T_f）、货物运输期间（T_{yun}）、特殊作业时间（T_t）。
即：运到期限 $T=T_f+T_{yun}+T_t$

1. 货物发送期间（T_f）：一般为 1 天。
2. 货物运输期间（T_{yun}）
1）普通货运计算方法：每 250 运价公里或其未满为 1 天。
2）快运整车计算方法：快运整车货物每 500 运价公里或其未满为 1 天。
3. 特殊作业时间（T_t）
1）需中途加冰货物，每加冰一次，另加 1 天。
2）运价里程超过 250km 零担货物和 1t、5t 集装箱另加 2 天，超过 1000km 加 3 天。
3）一件货物重量超过 2t、体积超过 3m³ 或长度超过 9m 的零担货物，另加 2 天。
4）整车分卸货物，每增加一个分卸站，另加 1 天。

图 2-16 铁路运输时间的估算方法

依据上述方法，我们估算从 HB 公司到客户处如果通过铁路运输，时间为

9天，不同方式运输频次对 J 成本的影响见表 2-16 至表 2-18。

表 2-16 铁路零担运输频次对 J 成本的影响

每日运量/t	运输频次/（天/次）	C 运输成本［元/（t·km）］	T_s 运输周期/天	T_m		CT_s J成本系数/［元·天/（t·km）］	$C(T_s+T_m)$ 总J成本系数/［元·天/（t·km）］
				缓冲库存/天	周转库存/天		
10	1	0.40	9	1.5	30	3.627	16.322
	2	0.40	9	2.5	30	3.627	16.725
	3	0.40	9	4	30	3.627	17.329
	4	0.40	9	5	30	3.627	17.732
	5	0.40	9	6	30	3.627	18.135
	6	0.40	9	7	30	3.627	18.538
	7	0.40	9	8	30	3.627	18.941
	8	0.40	9	9	30	3.627	19.344
	9	0.40	9	10	30	3.627	19.747
	10	0.40	9	11	30	3.627	20.150

表 2-17 铁路集装箱运输频次对 J 成本的影响

每日运量/t	运输频次/（天/次）	C 运输成本［元/（t·km）］	T_s 运输周期/天	T_m		CT_s J成本系数/［元·天/（t·km）］	$C(T_s+T_m)$ 总J成本系数/［元·天/（t·km）］	运输模式
				缓冲库存/天	周转库存/天			
10	1	0.54	9	1.5	30	4.860	21.870	20ft
	2	0.27	9	2.5	30	2.430	11.205	20ft
	3	0.36	9	4	30	3.240	15.480	20ft
	4	0.27	9	5	30	2.430	11.880	20ft
	5	0.33	9	6	30	2.970	14.850	20ft
	6	0.27	9	7	30	2.430	12.420	20ft
	7	0.31	9	8	30	2.790	14.570	20ft
	8	0.27	9	9	30	2.430	12.960	20ft
	9	0.30	9	10	30	2.700	14.700	20ft
	10	0.27	9	11	30	2.430	13.500	20ft

表 2-18　铁路零担与集装箱组合方式运输频次对 J 成本的影响

每日运量/t	运输频次/(天/次)	C 运输成本 [元/(t·km)]	T_s 运输周期/天	T_m 缓冲库存/天	周转库存/天	CT_s J成本系数/[元·天/(t·km)]	$C(T_s+T_m)$ 总J成本系数/[元·天/(t·km)]	运输模式
10	1	0.40	9	1.5	30	3.600	16.200	LCL
	2	0.27	9	2.5	30	2.430	11.205	20ft①
	3	0.34	9	4	30	3.060	14.620	20ft+LCL
	4	0.27	9	5	30	2.430	11.880	20ft
	5	0.34	9	6	30	3.060	15.300	20ft+LCL
	6	0.27	9	7	30	2.430	12.420	20ft
	7	0.34	9	8	30	3.060	15.980	20ft+LCL
	8	0.27	9	9	30	2.430	12.960	20ft
	9	0.34	9	10	30	3.060	16.660	20ft+LCL
	10	0.27	9	11	30	2.430	13.500	20ft

① 1ft＝0.3048m

　　按照同样的逻辑，我们还可以计算国内海运物流对 J 成本的影响。就运输效率而言，陆路运输为最优（根据 CT_s 值），铁路运输次之，海运最差。由此可以绘制三种运输方式的 J 成本曲线 $C(T_s+T_m)$，如图 2-17 所示。

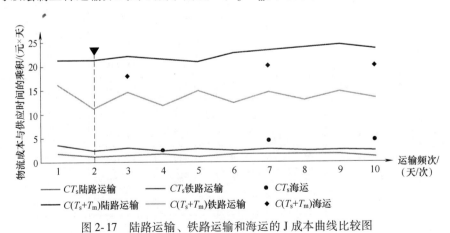

图 2-17　陆路运输、铁路运输和海运的 J 成本曲线比较图

　　由图 2-17 可知，在运输频率为每 2 天一次时，铁路运输为最优。

因为 HB 公司已无空间存储成品，需要租用外租库。根据近 HB 公司和近客户端仓库租金的比较，租用近客户端的仓库成本较低。该方案中（即整体方案 1），外租仓库选择在近客户端。

海外出货物流规划

HB 公司海外供应商的直接出货运输有海运、空运和铁路运输三种方式。通常使用 20ft 或 40ft 集装箱，线路可以选择海运将全部物料直接运到 HB 公司后再转运至客户处，也可以经陆路口岸将无须加工的部件直接运至近客户端仓库。

在分析国内出货物流时，我们已经确认在近客户处设置仓库，因此海外出货物流应优先选择将无须加工的部件经陆路口岸直接运至客户处。HB 公司的海外供应商 OS1 提供两种成品件，CS10001 和 CS10002。其单套总成包含的数量是 3∶1，即一套总成中包括 3 个 CS10001 和 1 个 CS10002。按照标准托盘尺寸 1200mm×1000mm，暂且假设托盘是可以堆码的（别忘了此阶段是在理想设计状态）。另外，我们还需要了解标准集装箱的内部尺寸。

40ft 集装箱的内尺寸为 12032mm（长）×2352mm（宽）×2393mm（高），20ft 的为 5898mm（长）×2352mm（宽）×2393mm（高）。由此可以算出使用 40ft 集装箱是可以满足数量配比的，即每个 40ft 集装箱可以装 33 托盘 CS10001 和 11 托盘 CS10002。按照客户的需求量，一个集装箱的量可以满足大约 3 周的使用要求，也就是说可以每 3 周发运一个 40ft 集装箱。

我和 EL 今天已是筋疲力尽了，随着计算逻辑的渐进明细，后边的工作会越来越明了。明天继续完成海外进货运输的物流系数 D 的计算。

第11天　方案1的海外进货物流理想状态设计　>>>

今天对海外的进货物流运输进行估算，以前了解到HB公司有三家海外供应商，OS1、OS2和OS3，其中零部件CS1和CS2由OS1提供。CS1和CS2不需要加工，成品运至HB公司后等待其他加工完的零件一起发运至客户工厂。OS2提供零件ER的毛坯件，在HB工厂加工。OS3提供BR1和BR2的毛坯件，同样在HB工厂加工。对于出货物流我们先从海外成品件CS1和CS2入手，对于成套产品，CS1和CS2的数量比是3∶1。

采用海运和空运的方式均是由上海港进入HB公司，选择铁路运输方式是由ZZ城再转运至HB公司。之前已经了解到它们的大致周期为空运7天、铁路运输35天、海运60天。现在物流公司均提供门到门服务，因此在海外件到达国内港口后的陆路运输已包含在内，可以不用再重复考虑。对于三种运输方式的选择，我们还是需要利用J成本的理论进行计算对比。

海外运输一般按集装箱整箱发货，国际标准集装箱有20ft和40ft两种。这两种集装箱的内部尺寸我们已经有过描述。

暂且按照1200mm×1000mm托盘估算，我们认为在可以堆垛的理想条件下，20ft的集装箱可以装载18托盘，40ft的箱子可以装载44托盘。同时要注意，每种集装箱都有其最大装载量。20ft集装箱为20t，40ft集装箱为26t。这和运输集装箱的半挂车承载量是匹配的，否则无法进行陆路运输。

CS1的单件重量是0.180kg，CS2单件重是0.127kg，每托盘的包装数量都是2700个。每托盘包装材料重量分别是38.4kg和38.1kg，每年工作日按250天算，由此可以得出每天承运的重量是CS1为0.8t，CS2为0.2t，托盘数分别为2.1和0.7。

20ft的集装箱装载方案是12箱CS1和4箱CS2，为1周的客户需求量，但这样货箱内部有空间的浪费。40ft的集装箱刚好装载33箱CS1和11箱CS2，为3周左右的需求量。空运方案的时间短，计算比较简单，每周发一个20ft集装箱或每3周发一个40ft集装箱即可。我们看一下海运和铁路运输的情形，海运集装箱发运量如图2-18所示，铁路运输集装箱发运量如图2-19所示。

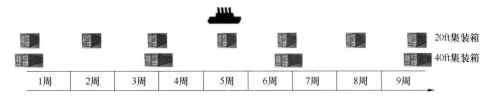

图 2-18　海运集装箱发运量

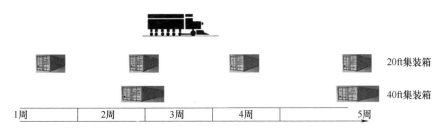

图 2-19　铁路运输集装箱发运量

由图可知，20ft 的集装箱每周发运，将有平均 6 个漂在海上；40ft 的集装箱每 3 周发运，将有平均 3 个漂在海上，货物的总量相当。发运频次高有利于减少仓库在制品库存，另一方面会增加在途的库存量。对于物流部门来说，运输频次的增加对工作量的挑战将会增大。

选择铁路运输时，20ft 集装箱每周发运同时有 3 个集装箱在路上，而 40ft 集装箱有 1 个在路上。

由于 20ft 集装箱的充盈率略低，再加上通常小包装的运费也会略高于大包装，每周发运的频率恐怕物流部门也很难掌握，因此对每种运输方式的两种箱子比较，40ft 集装箱的优势最明显。

我们再来分析海运和铁路运输 40ft 集装箱各自的优势。有两项因素需要考虑，一是留在路上的货物资产所产生的机会成本（例如同样的钱进行投资或取得的银行存款利息）和物流成本的比较；二是我们曾提过的物流效率系数的比较。

海运会有 3 个集装箱在路上，铁路运输有 1 个集装箱。这些资产换成资金，按银行年利率计算可以比较一下损失的机会成本大小，这里就不再赘述。物流系数 D 的计算我们前文已经提到，因为我们不可能得到 HB 公司关于产品的毛利润数据，所以需将毛利 R 作为一个变量考虑再比较物流系数 D，这在大家进行项目设计时可作为一个技巧使用。三种物流方式的物流系数 D 比较图如图 2-20 所示。图中，FCL 指整箱接货，整箱交货；LCL 指拼箱接货，拆箱交货。

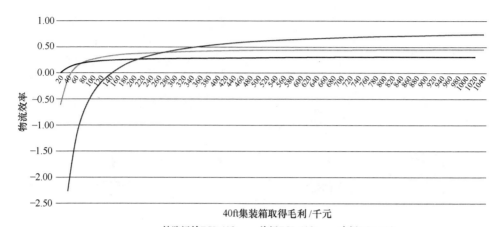

40ft集装箱取得毛利/千元

—— 铁路运输FCL 40ft —— 海运FCL 40ft —— 空运LCL 40ft

图 2-20　空运、海运和铁路运输的物流系数 D 比较图

从图可知，当一个 40ft 集装箱货物的毛利低于 8 万元时，使用海运的物流效率最高；当其毛利在 8 万至 28 万之间时，采用铁路运输将更有优势；当毛利超过 28 万元时，采用空运更为有效。这给了物流方案决策者一个直观的参考选择，也提醒我们在考虑物流策略时，选择的依据不能仅仅依靠简单的成本考量，而是还要考虑时间效率的因素，以便更快地实现货物与资金周转才是正确的思路。另外，需要提醒的是，因为海运周期长，对需求信息波动反应就迟缓，这对于波动较大的流程来说极为不利。系统设计团队和决策者都应对各种限制条件有清醒的认识，才能做出正确的判断。

到今天，出货和海外进货物流已经完成分析和计算，按原计划接下来是国内进货物流的分析。我和小 Q 对这两天的结果进行了沟通，小 Q 提出接下来能否分析一下将装配和包装也一起转移至近客户端的仓库内进行操作的方案。这是我们考虑的第二个方案，但小 Q 要求提前进行，那我们就先将方案 1 的遗留部分先暂停一下，着手进行方案 2 的分析。

第12天　基于方案2的出货物流的成本计算

这周到 HB 公司主要任务就是进行方案 2 的分析，即将 HB 公司的装配和包装流程全部转移至近客户端进行。

这个方案对于 HB 公司来说有一些益处，主要是：

1）产品装配和包装工艺简单，转移方便。可以节省 HB 公司车间内空间。

2）在有限的空间内，简化 HB 公司的内部物流运输。

3）近客户端，对客户的需求变动将更为敏感，并能做出及时的生产调整。

4）大量库存由装配成品转化为半成品，减少库存占压资金。

5）能轻松实现生产、库存和供应商（此时 HB 公司也可被看成是装配和包装生产的供应商）之间的拉动，从而拉动 HB 公司内部的生产过程。

看似有诸多优势，我们是不是就决定采用方案 2 呢？没有数据的支持暂且还不能过早下结论。

将装配转移至客户端，意味着无须在 HB 工厂加工的待装配部件可以直接运至客户处。这里由供应商 SU2 提供的 T1、T2、T3 和 T4 是组装 ST 部件的零件，无须加工；D 零件是进口件，由 OS1 提供，无须加工；另一个海外供应商 OS3 提供 BR1 和 BR2 的毛坯件，需在 HB 工厂加工；OS2 提供 ER 的毛坯件，需在 HB 工厂加工。

方案 2 的进出货物流混杂在一起，因此我们需要整体考虑。以下是方案 2 的国内物流线路规划，如图 2-21 所示。

方案 2 国内物流线路说明见表 2-19。

线路 1 的分析：

线路 1 每天的运输当量是 3.6t 左右，按照前述的分析方法得出以下数据。表 2-20 至表 2-22 为利用陆路运输方式和利用铁路运输方式时，运输频次对 J 成本的影响（铁路运输时间估算为 12 天）。

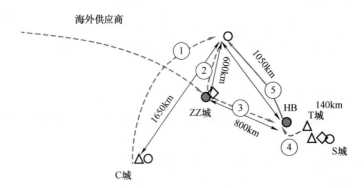

图 2-21 方案 2 国内物流线路规划

表 2-19 方案 2 国内物流线路说明

线路编号	起止点	运输物品	运输距离/km
1	C 城 SU2 至客户	T1、T2、T3、T4	1650
2	ZZ 城至客户	D、CS1、CS2	600
3	ZZ 城至 HB	毛坯件 ER、BR1、BR2	800
4	T 城 SU1 至 HB	毛坯件 S1、S2、S4、EB1、EB2、EB3	180
5	HB 至客户	半成品 ER、BR1、BR2、S1、S2、S4、EB1、EB2、EB3	1050

表 2-20 线路 1 陆路零担方式运输频次对 J 成本的影响

每日运量/t	运输频次/(天/次)	C 运输成本 [元/(t·km)]	T_s 运输周期/天	T_m		CT_s J成本系数/[元·天/(t·km)]	$C(T_s+T_m)$ 总J成本系数/[元·天/(t·km)]
				缓冲库存/天	周转库存/天		
3.6	1	0.64	4	2.0	30	2.56	23.040
	2	0.61	4	3.0	30	2.44	22.570
	3	0.55	4	4.0	30	2.2	20.900

（续）

每日运量/t	运输频次/(天/次)	C 运输成本[元/(t·km)]	T_s 运输周期/天	T_m 缓冲库存/天	周转库存/天	CT_s J成本系数/[元·天/(t·km)]	$C(T_s+T_m)$ 总J成本系数/[元·天/(t·km)]
3.6	4	0.55	4	5.0	30	2.2	21.450
	5	0.55	4	6.0	30	2.2	22.000
	6	0.55	4	7.0	30	2.2	22.550
	7	0.55	4	8.0	30	2.2	23.100
	8	0.55	4	9.0	30	2.2	23.650
	9	0.48	4	10.0	30	1.92	21.120
	10	0.48	4	11.0	30	1.92	21.600

表2-21 线路1飞翼整车方式运输频次对J成本的影响

每日运量/t	运输频次/(天/次)	C 运输成本[元/(t·km)]	T_s 运输周期/天	T_m 缓冲库存/天	周转库存/天	CT_s J成本系数/[元·天/(t·km)]	$C(T_s+T_m)$ 总J成本系数/[元·天/(t·km)]	运输模式
3.6	1	2.58	2	1.5	30	5.16	86.430	9.6m FTL
	2	1.47	2	2.5	30	2.94	50.715	9.6m FTL
	3	1.27	2	4.0	30	2.54	45.720	12.5m FTL
	4	1.00	2	5.0	30	2	37.000	12.5m FTL
	5	0.77	2	6.0	30	1.54	29.260	12.5m FTL
	6	0.72	2	7.0	30	1.44	28.080	14.6m FTL
	7	0.63	2	8.0	30	1.26	25.200	14.6m FTL
	8	0.92	2	9.0	30	1.84	37.720	9.6m FTL+ 12.5m FTL
	9	1.05	2	10.0	30	2.1	44.100	9.6m FTL+ 14.6m FTL
	10	0.79	2	11.0	30	1.58	33.970	12.5m FTL

　　因铁路在此线路上不提供零担运输服务，因此我们只需分析集装箱运输的情形即可，见表2-22。

表 2-22　线路 1 铁路方式运输频次对 J 成本的影响

每日运量/t	运输频次/(天/次)	C 运输成本 [元/(t·km)]	T_s 运输周期/天	T_m 缓冲库存/天	周转库存/天	CT_s J成本系数/[元·天/(t·km)]	$C(T_s+T_m)$ 总J成本系数/[元·天/(t·km)]	运输模式
3.6	1	1.19	12	2	30	14.280	52.360	20ft
	2	0.60	12	3	30	7.200	27.000	20ft
	3	0.40	12	4	30	4.800	18.400	20ft
	4	0.30	12	5	30	3.600	14.100	20ft
	5	0.24	12	6	30	2.880	11.520	20ft
	6	0.31	12	7	30	3.720	15.190	40ft
	7	0.26	12	8	30	3.120	13.000	40ft
	8	0.30	12	9	30	3.600	15.300	20ft
	9	0.26	12	10	30	3.120	13.520	20ft
	10	0.24	12	11	30	2.880	12.720	20ft

分析趋势图如图 2-22 所示。

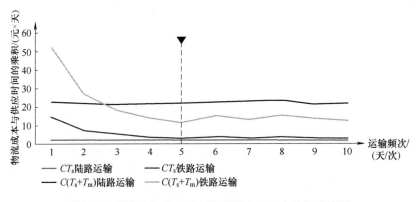

图 2-22　线路 1 物流方式与运输频次和成本分析趋势图

由图中可分析得知，陆路运输的运输效率要高于铁路运输，但考虑到 30 天的库存，则经济运输方式是铁路运输（也就是说，在有充足库存的前提下，采用成本更高的快速物流方式已经意义不大）。最佳运输频次为每 5 天运输一个 20ft 集装箱。

线路 2 和 3 是海外进口件，应该按整集装箱考虑较合理。在方案 1 的分析中已经有过说明，这里就不再赘述。另一个问题需要大家注意，就是托盘的长宽尺寸。目前 ISO 国际标准的托盘尺寸有以下几种：

- 1200mm×1000mm
- 1200mm×800mm
- 1140mm×1140mm
- 1219mm×1016mm
- 1100mm×1100mm
- 1067mm×1067mm

美国常用尺寸为 1219mm×1016mm，日本和韩国常用尺寸为 1100mm×1100mm，我国常用的尺寸为 1200mm×1000mm，1200mm×800mm 和 1100mm×1100mm。HB 公司目前成品使用的托盘尺寸多数为 1200mm×1000mm，原材料多为 1200mm×800mm。因此方案 1 和 2 中的出货物流我们暂且均以 1200mm×1000mm 规格进行估算。

方案 2 进展至此，我们获得了可以对包装提出建议的权利。也就是说目前的包装方案并不是最终方案，我们可以对此进行理想设计。这样需要根据获得的生产信息对包装进行规范。之前我们一直使用运输重量的当量作为 J 成本计算基准，这和采用何种包装规格并不冲突，因为不管包装规格如何变化，运输的当量基本不会改变。因此可以依据运输方式的决定对包装进行修正，再依据包装的限制条件对运输模式进行一次迭代式修正。

第13天　协调物流和生产管理的关系

HB公司的新生产线由10种不同的设备组成，ST和EB共线生产，ER另线生产。当前K先生的小组负责生产布局设计，方案是利用传送带和机械手的组合将设备连接，实现全自动生产。生产线中有单件生产的设备，也有需要批量生产的设备（在批量生产设备之前存有必要的库存）。这样的生产线可以将其视作一个整体的设备，内部物流只考虑原材料入口和成品出口即可，对物流部门的要求较简单，但同样存在因小故障造成整体停线和在制品较多的风险。

原材料上线可以考虑利用周转箱或整托盘上线的方案，根据生产现场的空间决定。周转箱使用时尽量避免原材料的二次分拣，将周转箱直接送至生产线旁的货架即可。周转箱的容量依据生产线的消耗量和送货频次设计，因为不在我们的项目范围内就不做具体叙述了。K先生的要求是整托盘原材料直接送到生产线入口处。

根据客户需求可以计算出各种成品和物料的每日需求量。我们尽量使每日需求量是每托盘部件数量的整数倍，这样可以大大简化现场管理的难度（生产进度和工单控制）；另外根据零部件体积进行估算，使每托盘高度不超过1000mm，还要注意每托盘的重量一般不宜超过800kg，以便综合衡量物流方案时兼顾运输重量和体积平衡，提高物流运输效率。根据前文叙述的客户需求可知，成品ST的每日需求数量是2000个，ER每日需求8000个，EB1每日需求8000个，EB2和EB3每日需求各4000个，BR1每日需求12000个，BR2每日需求4000个，CS1每日需求12000个，CS2每日需求4000个。

初步设计，成品ST每托盘1000个，ER每托盘4000个，EB每托盘2000个，BR每托盘4000个。托盘尺寸可统一至1200mm×800mm。

沿用上述思路，我们也可以初步设计原材料和半成品的包装规格。S零件加工后成品为每托盘2000个（其还需要运至近客户处进行装配）；S零件加工前的毛坯件亦为每托盘2000个，ST的子部件T为每托盘2000个，EB的原材料件为每托盘4000个，ER的原材料件为每托盘4000个，ST部件的另一个进口子部件D为每托盘60000个。

几组数据的叙述并不难，但对于需要兼顾生产、运输重量和体积等因素的计算却是需要花费一番工夫的，需要对照当前包装的形式、运输空间条件，以及生产需求进行规范。

以上的托盘尺寸和数量是按照生产管理优化方案进行的估算，之后还要和物流方式最优化方案进行整合得出最终解决方案。对于运输线路规划，我们还是按照原计划先依据运输当量进行核算，然后再考虑包装引起的空间限制进行方案修正。

第14天　方案2的国内进货物流理想状态设计 ◂◂◂

昨天的数据计算真是一件不容易的事，但对海外部件的物流方案是非常重要的输入。在继续分析方案2的其他线路前，我和EL再次确认：目前均把托盘能否可以堆码和堆码几层作为一个限制条件，先按理想状态规划，然后再和包装工程师一起进行限制条件输入后的方案迭代修正。

下面继续方案2的国内进货物流线路计算。

线路2中需要运输的产品有D、CS1和CS2。根据前面的数据计算，一个40ft集装箱可以容纳6托盘D、45托盘CS1和15托盘CS2。计算结果为每11天利用铁路运输一个40ft集装箱。

线路3运输的产品是ER和BR的原材料。ER用一个20ft的集装箱，装载20托盘，重量7.5t，每30天通过货轮运输一次。BR需要另外一个20ft集装箱，装载8托盘BR1和3托盘BR2，总计重量18.7t，每10天通过货轮运输一次。

线路4运输的是由供应商供给HB公司的零部件S和EB的原材料，需求量为每天6.8t。在这条线路上还有其他两家供应商和一个客户，总需求量为12t。陆路运输对J成本的影响见表2-23和表2-24。

表2-23　线路4货车零担方式运输频次对J成本的影响

每日运量/t	运输频次/（天/次）	C 运输成本［元/（t·km）］	T_s 运输周期/天	T_m 缓冲库存/天	周转库存/天	CT_s J成本系数/［元·天/（t·km）］	$C(T_s+T_m)$ 总J成本系数/［元·天/（t·km）］
12	1	1.11	1	2.0	0	1.11	3.330
	2	1.11	1	3.0	0	1.11	4.440
	3	0.83	1	4.0	0	0.83	4.150
	4	0.83	1	5.0	0	0.83	4.980
	5	0.83	1	6.0	0	0.83	5.810
	6	0.83	1	7.0	0	0.83	6.640
	7	0.83	1	8.0	0	0.83	7.470
	8	0.83	1	9.0	0	0.83	8.300
	9	0.83	1	10.0	0	0.83	9.130
	10	0.83	1	11.0	0	0.83	9.960

表2-24 线路4飞翼整车方式运输频次对J成本的影响

每日运量/t	运输频次/(天/次)	C 运输成本 [元/(t·km)]	T_s 运输周期/天	T_m 缓冲库存/天	周转库存/天	CT_s J成本系数/[元·天/(t·km)]	$C(T_s+T_m)$ 总J成本系数/[元·天/(t·km)]	运输模式
12	1	1.30	0.5	1.5	0	0.65	2.600	12.5m FTL
	2	0.88	0.5	2.5	0	0.44	2.640	14.6m FTL
	3	0.86	0.5	3.5	0	0.43	3.440	12.5m FTL
	4	0.88	0.5	4.5	0	0.44	4.400	14.6m FTL
	5	0.78	0.5	5.5	0	0.39	4.680	12.5m FTL
	6	0.88	0.5	6.5	0	0.44	6.160	14.6m FTL
	7	0.88	0.5	7.5	0	0.44	7.040	12.5m FTL+14.6m FTL
	8	0.88	0.5	8.5	0	0.44	7.920	14.6m FTL
	9	0.84	0.5	9.5	0	0.42	8.400	12.5m FTL
	10	0.88	0.5	10.5	0	0.44	9.680	14.6m FTL

因为线路距离较短，铁路运输可以忽略。物流方式、运输频次和运输成本分析趋势图如图2-23所示。

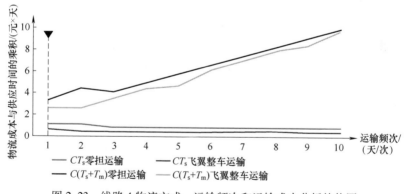

图2-23 线路4物流方式、运输频次和运输成本分析趋势图

根据分析结果，选择每天运输一次，使用12.5m的飞翼整车运输是比较合理的。

线路5是将在HB加工后的部件运输至近客户端的仓库。包括S零件、EB零件、ER零件和BR零件。每天运输当量为6.5t。运输距离是1050km，可以考虑铁路运输，运输时间估算为 9 天。这条线路上的铁路运输提供零担散货运输服务，因此需要加以考虑。陆路和铁路方式运输频次对 J 成本的影响见表 2-25 至表 2-29。

表 2-25　线路 5 货车零担方式运输频次对 J 成本的影响

每日运量/t	运输频次/(天/次)	C 运输成本[元/(t·km)]	T_s 运输周期/天	T_m 缓冲库存/天	周转库存/天	CT_s J成本系数/[元·天/(t·km)]	$C(T_s+T_m)$ 总J成本系数/[元·天/(t·km)]
	1	0.65	3	1.5	30	1.95	22.425
	2	0.62	3	2.5	30	1.86	22.010
	3	0.62	3	4.0	30	1.86	22.940
	4	0.62	3	5.0	30	1.86	23.560
	5	0.57	3	6.0	30	1.71	22.230
6.3	6	0.57	3	7.0	30	1.71	22.800
	7	0.57	3	8.0	30	1.71	23.370
	8	0.57	3	9.0	30	1.71	23.940
	9	0.57	3	10.0	30	1.71	24.510
	10	0.57	3	11.0	30	1.71	25.080

表 2-26　线路 5 飞翼整车方式运输频次对 J 成本的影响

每日运量/t	运输频次/(天/次)	C 运输成本[元/(t·km)]	T_s 运输周期/天	T_m 缓冲库存/天	周转库存/天	CT_s J成本系数/[元·天/(t·km)]	$C(T_s+T_m)$ 总J成本系数/[元·天/(t·km)]	运输模式
	1	1.59	2	1.5	30	3.18	53.265	9.6m FTL
	2	0.95	2	2.5	30	1.9	32.775	12.5m FTL
	3	0.65	2	4.0	30	1.3	23.400	12.5m FTL
	4	0.55	2	5.0	30	1.1	20.350	14.6m FTL
	5	0.77	2	6.0	30	1.54	29.260	12.5m FTL
6.3	6	0.65	2	7.0	30	1.3	25.350	12.5m FTL
	7	0.63	2	8.0	30	1.26	25.200	14.6m FTL
	8	0.55	2	9.0	30	1.1	22.550	14.6m FTL
	9	0.65	2	10.0	30	1.3	27.300	12.5m FTL
	10	0.62	2	11.0	30	1.24	26.660	12.5m FTL

表2-27 线路5铁路零担方式运输频次对J成本的影响

每日运量/t	运输频次/(天/次)	C 运输成本[元/(t·km)]	T_s 运输周期/天	T_m 缓冲库存/天	周转库存/天	CT_s J成本系数/[元·天/(t·km)]	$C(T_s+T_m)$ 总J成本系数/[元·天/(t·km)]
6.3	1	0.40	9	1.5	30	3.627	16.322
	2	0.40	9	2.5	30	3.627	16.725
	3	0.40	9	4	30	3.627	17.329
	4	0.40	9	5	30	3.627	17.732
	5	0.40	9	6	30	3.627	18.135
	6	0.40	9	7	30	3.627	18.538
	7	0.40	9	8	30	3.627	18.941
	8	0.40	9	9	30	3.627	19.344
	9	0.40	9	10	30	3.627	19.747
	10	0.40	9	11	30	3.627	20.150

表2-28 线路5铁路集装箱方式运输频次对J成本的影响

每日运量/t	运输频次/(天/次)	C 运输成本[元/(t·km)]	T_s 运输周期/天	T_m 缓冲库存/天	周转库存/天	CT_s J成本系数/[元·天/(t·km)]	$C(T_s+T_m)$ 总J成本系数/[元·天/(t·km)]	运输模式
6.3	1	0.86	9	1.5	30	7.740	34.830	20ft
	2	0.53	9	2.5	30	4.770	21.995	20ft
	3	0.29	9	4	30	2.610	12.470	20ft
	4	0.33	9	5	30	2.970	14.520	40ft
	5	0.35	9	6	30	3.150	15.750	20ft
	6	0.29	9	7	30	2.610	13.340	20ft
	7	0.31	9	8	30	2.790	14.570	20ft+40ft
	8	0.33	9	9	30	2.970	15.840	40ft
	9	0.29	9	10	30	2.610	14.210	20ft
	10	0.26	9	11	30	2.340	13.000	20ft

表 2-29   线路 5 铁路零担与集装箱组合方式运输频次对 J 成本的影响

每日运量/t	运输频次/(天/次)	C 运输成本[元/(t·km)]	T_s 运输周期/天	T_m 缓冲库存/天	周转库存/天	CT_s J成本系数/[元·天/(t·km)]	$C(T_s+T_m)$ 总J成本系数/[元·天/(t·km)]	运输模式
6.3	1	0.40	9	1.5	30	3.600	16.200	LCL
	2	0.40	9	2.5	30	3.600	16.600	LCL
	3	0.29	9	4	30	2.610	12.470	20ft
	4	0.33	9	5	30	2.970	14.520	40ft
	5	0.34	9	6	30	3.060	15.300	20ft+LTL
	6	0.29	9	7	30	2.610	13.340	20ft
	7	0.31	9	8	30	2.790	14.570	20ft+40ft
	8	0.33	9	9	30	2.970	15.840	40ft
	9	0.29	9	10	30	2.610	14.210	20ft
	10	0.26	9	11	30	2.340	13.000	20ft

线路 5 物流方式、运输频次和运输成本分析趋势图如图 2-24 所示。

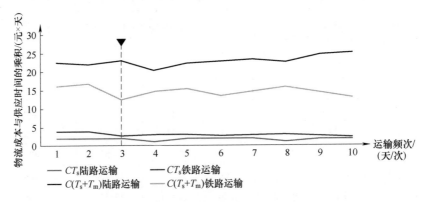

图 2-24   线路 5 物流方式、运输频次和运输成本分析趋势图

　　根据以上分析，选择铁路运输每 3 天运输一个 20ft 的集装箱较为合理。到此为止，方案 2 的国内物流我们还是按吨位规划的理想物流状态，托盘尺寸的限制条件在后面的规划中再加以考虑，如图 2-25 所示。

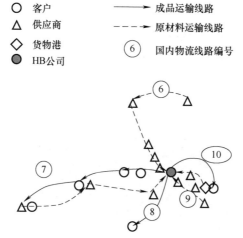

○ 客户   ——→ 成品运输线路
△ 供应商   ----→ 原材料运输线路
◇ 货物港
● HB公司   ⑥ 国内物流线路编号

图 2-25 方案 2 其他物流线路示意图

第 15 天　方案 2 的库存面积估算

这周需要根据上周确认的方案 2 的运输方式（方案 1 和方案 2 的海外进货物流相同），进行库存面积的估算。托盘的新尺寸估算为 1200mm×800mm，标准货架单元的面积也需要调整，如图 2-26 所示。

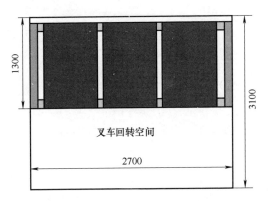

图 2-26　标准货架单元面积示意图

单元面积为 3.1m×2.7m≈8.4m²。方案 2 在近客户处的仓库内存放的物料有 3 种，分别为：①在该仓库内不需要装配的零部件，包括在 HB 工厂加工后的成品件（BR1、BR2、EB1、EB2、EB3 和 ER），从海外进口的成品件（CS1 和 CS2）；②在该仓库内需要装配的零部件，包括在 HB 工厂加工后的半成品（S1、S2、S4），供应商 SU2 提供的装配件（T1、T2、T3、T4）和由 OS1 提供的装配件（D）；③装配后的成品库存（ST1、ST2、ST3、ST4）。

客户要求有 30 天的库存，如果将装配移至该仓库内，我们可以保证 30 天的无须装配件的库存和 28 天需要装配件的库存，外加两天的已装配完的部件作为缓冲。根据托盘设计的容量计算，上述 3 种物料的托盘数量共计 860 托盘。

货架占用面积计算公式为

$$\frac{860 \text{ 托盘}}{3 \text{ 托盘} \times 7 \text{ 层货架}} \times 8.4 \text{m}^2 \approx 344 \text{m}^2$$

其他功能区域包括装配区域、清洗机、包装区域以及装卸、检验和隔离等。装配工作台数量根据生产的节拍计算，再核算工作台的占地总面积。EL

估算了功能区域的面积约 184m², 货架区加上 20% 的溢出空间, 则该仓库的估算面积约 597m²。注意, 这只是最小占地面积, 并不是最终结果, 需要在限制条件加入后进行最后计算确认。

今天布局项目助理 H 小姐组织了一个布局的介绍会, 主题是介绍新生产线的项目背景和布局结果。会议邀请了我和 EL、HB 公司的小 Q、生产运营经理 Y 先生、总经理助理 L 先生和维护保全经理 T 先生参加。会议由外方布局项目经理 K 先生主持。

会议安排的时间很短, K 先生的要求是大家可以先把问题记录下来, 不要在介绍时打断他, 在明天的另一个会议上专门解答来自各个部门的问题。会上 K 先生并没有提及新生产线布局的设计原则和逻辑, 只是提到了在设计时考虑了精益生产和工业 4.0 的理念。新生产线采用了 U 形布局, 并用全自动传送带连接了所有设备, 在有批量加工的工序前利用机械手进行物料抓取。K 先生的想法是未来只要控制物料的进和出即可。成套的加工部件 S 将由 4 个拉削刀具组成的设备一次加工完成, 共享加工设备的部件 S 和 EB 也由自动传送线进行区分。

会议结束后, 小 Q 急急忙忙组织我们和 Y 先生、T 先生一起开会总结问题, 准备明天从 K 先生那找到答案。小 Q、Y 先生和 T 先生对用全自动传送线连接所有设备都感到万分忧虑, 担心生产线将在大部分时间内面临无法运转的风险。核心问题集中在某台设备出现故障后生产线如何继续运转; 出现质量问题后如何处置; 产品批次如何实现追踪等现实情况。

我们也对 K 先生的布局感到担忧。用传送带将设备连接实现自动化, 实际是将众多设备组成了一个大设备, 对其运转的稳定性和可靠性有着非常严格的要求, 通常设备故障是难以避免的, 特别是在新设备的爬坡期。至少应该在设备稳定后再考虑自动化连接的方式。我们认为 K 先生对工业 4.0 的理解也存在很大的误区, 工业自动化和工业 4.0 并不是一个概念。工业自动化的目的是提高劳动生产率, 减少人为失误造成的恶果, 但投入大量自动化设备同时也需要加大维护保养成本。自动化一定是在需要的时候和在必要的工序点投入, 并不是为了"好看"而投入。而工业 4.0 的目的是提高生产的灵活性以适应多变的市场, 用信息化手段打通生产中的沟通障碍是关键, 用自动化和智能化提高生产灵活性, 以适应多变的产品。其中信息化、智能化和自动化都是手段而不是目的。

　　我曾在文章中提出一个想法：让工厂以实现快速物流为目标，让具有复杂加工过程的布局回归功能性和工艺性布局模式，从而简化物流模式，加快物流速度，提高物料周转效率，同时让资源利用效率最大化。以前出现的问题容易被掩盖，不易被发现的情况可以利用工业 4.0 信息手段加以解决。

　　K 先生的布局也确实让我们头痛，暂且看看明天他如何回答大家担心的这些问题吧。

第16天 和K先生就自动生产线的探讨

K先生的会议安排到了下午，上午我们继续完成方案2的HB公司内部库存面积估算。

HB公司内部仓库的物料也包括3类：①待加工的原材料，包括由SU1提供的S1、S2和S4以及EB1、EB2和EB3，由OS2提供的ER，由OS3提供的BR1和BR2；②加工后需要在外仓库装配的零件，包括S1、S2和S4；③加工后无须装配的零件，包括EB1、EB2和EB3，ER以及BR1和BR2。

同样根据估计运输的频次计算上述3类零部件的库存量，分别为126托盘，功能区域面积估算为127m²。总面积估算为

$$\frac{126\,托盘}{3\,托盘\times 7\,层货架}\times 8.4m^2\times(1+20\%)+127m^2\approx 188m^2$$

至此，方案2的理想规划阶段告一段落。

和K先生团队的布局问题解答会安排在一个小会议室举行。下午，EL和H小姐提前就昨天的提问进行了归纳分类。会议开始后，EL先以他的理解解释了K先生的布局想法，就是新的生产线将需要团队创造新的管理手段加以适应，例如新的维护保养方法、新的质量控制计划、新的生产管理方法、人员技能条件等。这一点得到K先生的同意，也就是说新生产线并没有迎合现有的生产条件，而是需要一套挑战性极大的新方法。这让我们感到吃惊，我并不想否认K先生的大胆想法，只是觉得在目前国内的生产条件和环境下，这未免太过疯狂。

之后的问题解答，K先生的观点只有一个，就是该停线时坚决停线，不管是质量问题还是某一台设备故障问题。新生产线也不会和其他产品共享设备。这似乎已经堵住了大家之前准备好的问题了。运营经理Y先生对之前的人员安排提出异议，认为没有安排承担上下料工作的人员。这让K先生非常恼火，因为在Y先生来之前他们已经和HR确认了未来需要增加的人员数量，K先生认为根本就没有必要为简单的上下料工作安排人员。也许是沟通的问题，双方没有谈拢。K先生把电脑重重摔到桌上，并摆出了要离开的姿态，大家一时间显得很尴尬。小Q为了缓和气氛，示意K先生冷静，先把问题解答完毕。

经过了小Q和K先生就几个问题的讨论，气氛有所缓和，K先生也渐渐

平静下来。会议结束时，K 先生示意 Y 先生会后再找机会澄清此事。近 3 个小时的会议，我得到的信息是设计这条生产线在 K 先生那里已是板上钉钉的事，不容更改。我在和 EL 的交谈中表达了一个意思，作为第三方的咨询公司我们应该就生产线的建立提出意见，希望制订一个设备自动化连接实施的阶段方案，一步一步在稳定的基础上实现，而不要一步连接到位。先让问题暴露，得到彻底解决后再实施自动化连接。希望这个意见能为生产管理团队争取到一些缓冲时间。

据此结果，我们就方案 2 设计的 VSM 也可以完成。相对而言，将生产线视作一台大设备简化了物流和信息传递。因为在近客户端设置了清洗、装配和包装环节，我们可以将其视作一个小型工厂，它的 VSM 可以采用超市拉动模式，如图 2-27（见书后插页）所示。

第 17 天 方案 1 的国内进货物流理想状态设计和 库存面积估算

今天要将方案 1 的搁置问题收尾。

方案 1 的进货物流和库存面积还需要估算。方案 1 中进货物流线路与第 14 天叙述的图 2-25 类似。不同的是，方案 2 中线路 1 在方案 1 中有可能被编入线路 3 中，即供应商 SU2 的送货线路。见图 2-28。

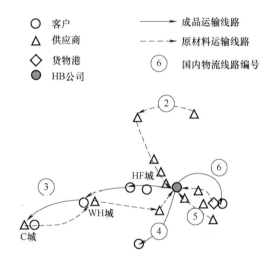

图 2-28 方案 1 进货物流线路图

幸运的是，供应商 SU2 至 HB 公司和其至近客户仓库处的距离相等，也就是说理论上可以采用相同的物流模式，但根据 J 成本计算，库存量不同将会影响最终的物流模式。因为线路 3 是 milk run 模式，成本如何变化还需要和小 Q 询问一下物流供应商的报价再定。

按照方案 1 的线路 3，供应商 SU2 进行单独运输时，陆路和铁路方式运输频次对 J 成本的影响见表 2-30 至表 2-32。

线路 3 陆路和铁路方式运输频次和运输成本分析趋势图，如图 2-29 所示。

表 2-30　线路 3 卡车零担散货方式运输频次对 J 成本的影响

每日运量 /t	运输频次 /(天/次)	C 运输成本 [元/(t·km)]	T_s 运输周期/天	T_m 缓冲库存/天	周转库存/天	CT_s J成本系数 /[元·天/(t·km)]	$C(T_s+T_m)$ 总J成本系数 /[元·天/(t·km)]
	1	0.64	4	2.0	0	2.56	3.840
	2	0.61	4	3.0	0	2.44	4.270
	3	0.55	4	4.0	0	2.2	4.400
	4	0.55	4	5.0	0	2.2	4.950
3.6	5	0.55	4	6.0	0	2.2	5.500
	6	0.55	4	7.0	0	2.2	6.050
	7	0.55	4	8.0	0	2.2	6.600
	8	0.55	4	9.0	0	2.2	7.150
	9	0.48	4	10.0	0	1.92	6.720
	10	0.48	4	11.0	0	1.92	7.200

表 2-31　线路 3 飞翼整车方式运输频次对 J 成本的影响

每日运量 /t	运输频次 /(天/次)	C 运输成本 [元/(t·km)]	T_s 运输周期/天	T_m 缓冲库存/天	周转库存/天	CT_s J成本系数 /[元·天/(t·km)]	$C(T_s+T_m)$ 总J成本系数 /[元·天/(t·km)]	运输模式
	1	2.58	2	1.5	0	5.16	9.030	9.6m FTL
	2	1.47	2	2.5	0	2.94	6.615	9.6m FTL
	3	1.27	2	4.0	0	2.54	7.620	12.5m FTL
	4	1.00	2	5.0	0	2	7.000	12.5m FTL
3.6	5	0.77	2	6.0	0	1.54	6.160	12.5m FTL
	6	0.72	2	7.0	0	1.44	6.480	14.6m FTL
	7	0.63	2	8.0	0	1.26	6.300	14.6m FTL
	8	0.92	2	9.0	0	1.84	10.120	9.6m FTL+12.5m FTL
	9	1.05	2	10.0	0	2.1	12.600	9.6m FTL+14.6m FTL
	10	0.79	2	11.0	0	1.58	10.270	12.5m FTL

表 2-32 线路 3 铁路方式运输频次对 J 成本的影响

每日运量/t	运输频次/(天/次)	C 运输成本[元/(t·km)]	T_s 运输周期/天	T_m 缓冲库存/天	周转库存/天	CT_s J成本系数/[元·天/(t·km)]	$C(T_s+T_m)$ 总J成本系数/[元·天/(t·km)]	运输模式
3.6	1	1.19	12	2	0	14.280	16.660	20ft
	2	0.60	12	3	0	7.200	9.000	20ft
	3	0.40	12	4	0	4.800	6.400	20ft
	4	0.30	12	5	0	3.600	5.100	20ft
	5	0.24	12	6	0	2.880	4.320	20ft
	6	0.31	12	7	0	3.720	5.890	40ft
	7	0.26	12	8	0	3.120	5.200	40ft
	8	0.30	12	9	0	3.600	6.300	40ft
	9	0.26	12	10	0	3.120	5.720	20ft
	10	0.24	12	11	0	2.880	5.520	20ft

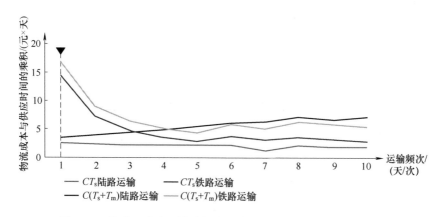

图 2-29 线路 3 陆路和铁路方式运输频次和运输成本分析趋势图

由上图可知，在方案 1 中的线路 3 的最佳方式是每天货车零担运输一次。这和之前同样运输距离的方案 2 中线路 1 的分析结果大相径庭，这也是库存量不同对运输方式的影响。对于较大的库存量，快捷的运输方式已经失去了其高效的意义。J 成本计算的意义在于解释了在时间因素的影响下如何选择更合理的成本模式。

线路 6（其他线路不在此项目范围内）与方案 2 中的线路 4 完全相同，我们不再赘述。

方案 1 的仓储也分为近客户处的外库和 HB 公司内部的仓库。近客户处的外库存储的物料为成品件，包括：①装配后的 ST1、ST2、ST3 和 ST4；②加工后的成品 EB1、EB2 和 EB3；③加工后的 ER 件；④加工后的 BR1 和 BR2；⑤由海外供应商 OS1 提供的成品件 CS1 和 CS2。按照客户 30 天的成品库存要求，计算后为每天 870 托盘，功能区域面积估算 $111m^2$。

近客户端外库的面积估算为

$$\frac{870 \text{ 托盘}}{3 \text{ 托盘} \times 7 \text{ 层货架}} \times 8.4m^2 \times (1+20\%) + 111m^2 \approx 529m^2$$

HB 公司内部仓库存储的物料包括：①原材料，包括由 SU1 提供的 S1、S2、S4、EB1、EB2、EB3，由 SU2 提供的 T1、T2、T3 和 T4，由 OS2 提供的 ER，由 OS3 提供的 BR1、BR2，由 OS1 提供的装配件 D；②由于每天运输一次而存储的 2 天成品库存（内容与近客户端仓库相同，多 1 天为装卸时间留出的货架空间）。原材料的库存量由方案 1 中估计的运输频次确定，海外件预留 30 天的库存。库存托盘数共计 135 托盘。功能区域估算面积为 $127m^2$。

HB 仓库的估算面积为

$$\frac{135 \text{ 托盘}}{3 \text{ 托盘} \times 7 \text{ 层货架}} \times 8.4m^2 \times (1+20\%) + 127m^2 \approx 192m^2$$

方案 1 中的 HB 仓库面积要大于方案 2 中的 HB 仓库面积，原因一是发货频次变化，二是供应商 SU2 的物料在方案 2 中直接运至近客户仓库处。

由此我们完成方案 1 和方案 2 的供应商网络图，如图 2-30 和图 2-31 所示。

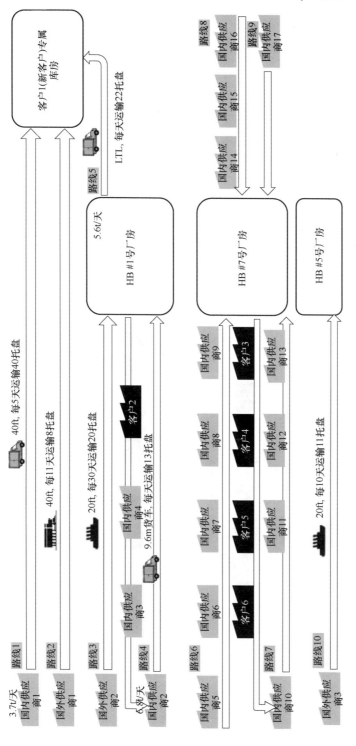

图 2-30 方案 1 的供应商网络图

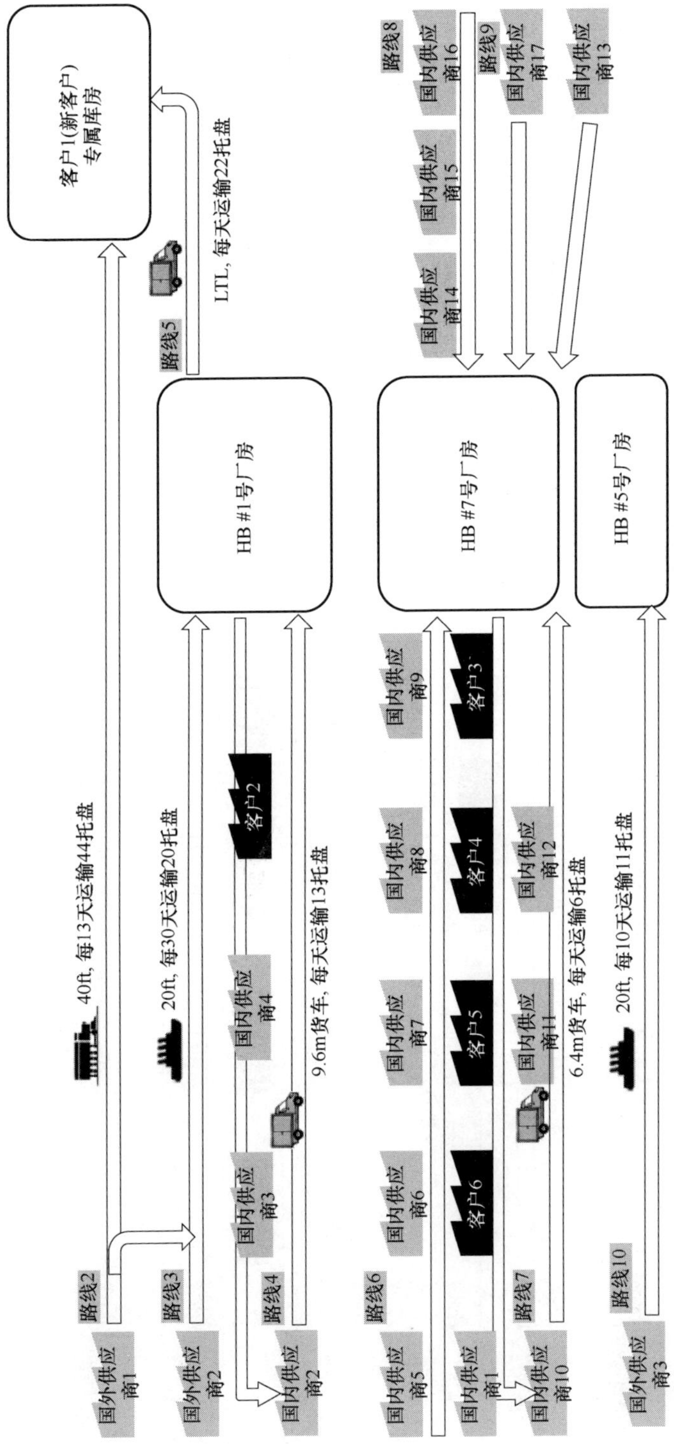

图 2-31　方案 2 的供应商网络图

加入约束条件后的方案修正

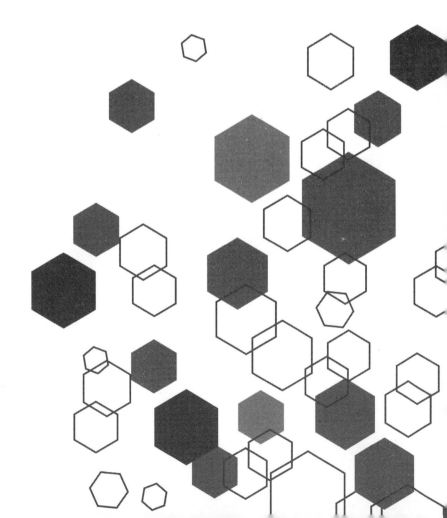

第3章

深入浅出统计学习系统

第18天 约束条件的讨论

不知道是不是雨季的原因，今天到 C 城又赶上小雨，好在温度较高，不至于冻得瑟瑟发抖。

从本周开始可以说以达到项目的一个节点，即外部物流的理想状态已经完成。接下来的任务是约谈相关职能部门进行约束条件的收集。

约束条件可以分为无法更改的强约束条件和可以进行改善的现有约束条件。对于硬约束条件需要在规划开始前就清楚地识别出来，并在规划设计时加以考虑，例如厂房形状、高度、建筑隔墙、无法更改的通道等。可以改善的约束条件指以目前条件还无法完全一次性适应理想状态的要求，但经过一段时间的优化可以达到改善的目标，例如包装的形式、质量状况引起的存货、设备可靠性低等。当理想状态向这些约束条件妥协时，我们应认真记录这些潜在的改善点作为下一步改善项目的内容。

要提醒大家的是，我们在做规划设计时，不论是物流还是布局的方案都不能一味让理想状态适应约束条件而做出妥协。任何规划设计方案都是要优于现状的，否则就失去了设计的意义。因此能被称作约束条件的内容必定是暂时无法完全改变的，现状条件并不能和约束条件混为一谈。我们往往在开会时听到的是各职能部门对现状的描述，而且要求规划能满足现状的条件，以保持他们现有的工作习惯。这是一种与设计理念完全相反的逻辑，应该对大家做出解释，并鼓励实施对现状的改善和提高。

今天和小 Q 约了两个会议，上午讨论约束条件，下午沟通一下关于信息流的问题。上午小 Q 带着 Y 先生和一个仓库的小伙子来到我们的办公室，简短的问候之后我们进入正题。

物流的约束条件先从进货环节开始。HB 公司是在工业园区内租用的厂房，因此厂房并没有很好的物流规划。

主要的物流约束条件有以下几条：

> ➢ 没有进货码头时，还不知道能否进行改造，需要进一步确认。如果无法改造，则无法使用集装箱进货。备选方案是外租其他库房或使用液压集装箱卸载机，也可以让物流公司提前进行掏箱作业。这需要进行成本和投资回报分析后决定。

> ➤ 建筑间距过小，12.5m 的飞翼货车能否回转通过，需要确认。
>
> ➤ 通道过窄，飞翼货车无法同时打开两侧飞翼，装卸货效率会受到影响。

仓库存储的约束条件包含：

> ➤ 厂房内部高度只有 5.5m，货架高度无法达到 7 层，只能采用 5 层货架。

产品本身的约束条件包含：

> ➤ 更改现有包装可能增加费用，需要权衡。
> ➤ 来料质量需要 2 天的时间检验，需要预留库存。
> ➤ 目前生产的废品率为 1%，也就是说需要更多的原材料。

下午的信息流情况，小 Q 做了简要介绍。HB 公司 SAP 项目正由小 Q 主导，因此整个信息流部分，包括将来在客户端实施的看板拉动方式以及其需要和系统对接的任务由小 Q 的团队负责。

在第 13 天的工作中，EL 就已对简化生产管理角度定义了包装的优化方式。我们需要就已经得出的物流最优化方案进行反算包装的形式，并最终和利于生产的包装进行统一。

我们先来计算一下不同形式运输载体能够装载的最多托盘数量，见表 3-1。

表 3-1　运输载体和托盘数量（2 层堆垛）

运输载体	托盘尺寸：1200mm×800mm	托盘尺寸：1200mm×1000mm
	最多装载数量（托盘）	最多装载数量（托盘）
20ft 集装箱	22	18
40ft 集装箱	50	44
9.6m 飞翼货车	48	36
12.5 飞翼货车	60	48
14.6m 飞翼货车	72	56

方案 2 线路 1 的包装。线路 1 运输当量是每天 3.6t，之前的结论是每 5 天

利用铁路运输一个 20ft 的集装箱。5 天的运量是 3.6t×5 天＝18t，22 托盘的平均最大容积是 18t×1000/22 盘＝818.2kg/盘，估算包装重量为 50kg，则每箱平均材料重量为 818.2kg−50kg＝768.2kg，再用这个数除以每个零件的重量可得平均每箱的零部件数量。这里线路 1 的物料均为原材料，因此要在预测需求数量上除以 99%，具体数据见表 3-2。

表 3-2 线路 1 加入限制条件后的每托盘包装数量

描述	类型	成品包含的数量/个	单位重量/kg	原材料输入量（不合格率1%）/个	2020年销售预测/个	每托盘数量/个	每日需求/个	需求参数	基于需求的每托盘适量修正/个
T1	RM	1	0.424	505051	500000	1865	2020	1.1	2020
T2	RM	1	0.396	505051	500000	1997	2020	1.0	2020
T3	RM	1	0.406	505051	500000	1948	2020	1.0	2020
T4	RM	1	0.339	505051	500000	2333	2020	0.9	2020

根据计算后得到的数据，加入质量约束条件后的每日需求量为 2020 个，与每箱理想数量的比值范围在 0.9~1.1 之间，因此可以用计算后的每日需求量作为每托盘零件的数量。这样计算的话，每 5 天所需的托盘数量是(1 托盘/天+1 托盘/天+1 托盘/天+1 托盘/天)×5 天＝20 托盘，小于最大容积 22 托盘，空间没有问题。再与利于生产的预设托盘内零件数量对比，也没有问题，则可以确认线路 1 的包装方式为最佳。

线路 4 计算的逻辑相同，不再赘述，结果见表 3-3。

表 3-3 线路 4 加入限制条件后的每托盘包装数量

描述	类型	成品包含的数量/个	单位重量/kg	原材料输入量（不合格率1%）/个	2020年销售预测/个	每托盘数量/个	每日需求/个	需求参数	基于需求的每托盘适量修正/个
S2	RM	2	0.26	1010101	1000000	681	4040	5.9	2020
S1	RM	1	0.284	505051	500000	623	2020	3.2	2020
S4	RM	1	0.341	505051	500000	519	2020	3.9	2020
EB1	RM	2	0.224	2020202	2000000	790	8081	10.2	2020
EB2	RM	1	0.234	1010101	1000000	756	4040	5.3	2020
EB3	RM	1	0.178	1010101	1000000	994	4040	4.1	2020

从结果看，每箱的理想数量过少，这会造成单托盘的高度过小，装载效率低，浪费托盘。其与每日需求量差距加大，因此需要增加每托盘的零件数量。我们希望每日需求量能是托盘零件数量的整数倍，再根据零件高度的估算和托盘的适宜高度为 800mm 左右计算，则同样确认每托盘数量为 2000 个。线路 4 每天用一个 12.5m 飞翼货车运输，总共 24 托盘，远远小于该型号飞翼货车的最大容积。

线路 1 和线路 4 运输的均是原材料，根据质量检验的限制条件，需要在仓储时增加 2 天等待质检的库存量，在随后计算库存面积时不要忘记。

第19天 约束条件下的方案2修正 <<<

今天继续对限制条件下的线路5进行计算。线路5的运输数据见表3-4。

表3-4 线路5加入限制条件后的每托盘包装数量

描述	成品包含的数量/个	单位重量/kg	每托盘数量/个	每日需求/个	需求参数	基于需求的每托盘适量修正/个
S2 半成品	2	0.236	3544	4000	1.1	2000
S1 半成品	1	0.196	4267	2000	0.5	2000
S3 半成品	1	0.282	2966	2000	0.7	2000
EB1	2	0.173	4834	8000	1.7	2000
EB2	1	0.188	4449	4000	0.9	2000
EB3	1	0.186	4497	4000	0.9	2000
BR1	3	0.054		12000	—	4000
BR2	1	0.045		4000	—	4000
ER	2	0.067	12483	8000	0.6	4000

从表中的数据分析，平均每托盘的最小装载数量大部分都大于每日的需求量，再考虑实际物料的码放高度（堆垛2层的高度不宜超过2200mm）和利于生产管理的因素，我们定义了表中最右侧每托盘物料的数量。

以此为基础计算出每日运输的托盘数量为18托盘，理想状态下按重量核算的最佳方式是每3天利用铁路运输一个20ft的集装箱。3天总共需要运输54托盘，已经大大超出20ft集装箱的容积，因此需要修正该物流运输方案。我们再重新检视该条线路的数据，每天运输当量为6.5t，18托盘。反查之前已制作的J成本趋势图表和托盘数量限制表（见第18天的表3-1）可知，每隔3天利用12.5m的飞翼货车运输一次时，在空间和重量上均可达到最佳，但其J成本要高于每天零担运输的情形，而铁路运输仍是成本最低的。最终优选的方案是每天利用铁路进行散货运输。

仓库面积的核算，在近客户端仓库计算可得托盘的数量从理想状态的860托盘增加到876托盘，面积从527m² 增加到605m²。HB公司内的仓库面积除要考虑质量的限制条件外，如果仓库设置在当前厂房内则还要考虑建筑物内部高度只有5.5m的限制条件。

根据计算，托盘的数量从理想状态的 126 托盘降到 115 托盘，内部货架设置 5 层，面积从 188m^2 增加到 204m^2。

近客户端仓库的面积需要增加大约 40% 作为通道和办公使用，因此最终面积估算为 605m^2×1.4＝847m^2。

马上要到项目的第二次回顾会了，今天和小 Q 约了一下会议的时间。如果没有问题的话，下周二的早上可以进行会议，对当前的项目进度和结果进行回顾、讨论。

第 20 天 约束条件下的方案 1 修正

今天要对方案 1 的各项数据进行加入约束条件后的计算。因为对每托盘的数量都进行了规定，所以所有方案 1 的数据我们都要进行仔细梳理。

EL 在整理报告数据时，发现了我的一处错误。在设计供应商 SU2 所提供的物料 T 时，根据前几天所述的逻辑方法计算得出的结论是每托盘装载量是 2000 个，但所需数量要增加。对比现有包装形式，其托盘尺寸为 1200mm×1000mm，容量是 1400 个左右。那么改用新托盘尺寸 1200mm×800mm 的话，其容量应比现有容量再低一些以避免托盘超高。再根据每天的消耗量，我们确定了每托盘 1000 个的数量。这一改动将会影响之前方案 2 的物流方式和库存面积的计算。我们先按此数据把方案 1 整理完成。

方案 1 中的线路 1 是从 HB 公司运输加工和装配后的成品到客户处。成品不存在质量报废问题，按照包装数量的逻辑估算，最终确认的每托盘数量为

> ➢ BR1 和 BR2 零件，每托盘各 4000 个。
>
> ➢ ST 部件，每托盘 1000 个。
>
> ➢ EB1、EB2 和 EB3 零件，每托盘各 2000 个。
>
> ➢ ER 零件，每托盘 8000 个。

按每天需求量计算，BR1 每天需要 3 托盘；BR2 每天需求 1 托盘；ST 部件各需求 2 托盘，共 8 托盘；EB1 每天需求 4 托盘，EB2 和 EB3 每日各需求 2 托盘；ER 每日需求 1 托盘。线路 1 每天运输当量是 10t，理想状态下每 3 天用 1 个 40ft 的集装箱和零担散运的方式能达到 J 成本最优，3 天可运输共 63 托盘：

（3 托盘/天+1 托盘/天+8 托盘/天+4 托盘/天+2 托盘/天+2 托盘/天+1 托盘/天）×3 天＝63 托盘

线路 2 为 HB 公司供应商 milk run 线路，不在项目范围内暂不考虑。线路 3 是供应商 SU2 提供的 T 系列零部件。参考第 17 天图 2-28 中的线路图，其中在 C 城还有另一家供应商和客户，在 WH 城也有 2 家供应商和 1 个客户，回程中还有一家位于 HF 城的供应商。理论上，这些客户和供应商可以形成

milk run 线路，但因为线路距离较长，在运输成本上是否合适还应与供应商咨询协商后确认。

按照 milk run 设计，线路只能用零担运输方式。小 Q 和物流供应商询问的初步价格是在零担运输价格基础上按 9 折计算。这样得出的 J 成本系数见表3-5。

表 3-5　方案 1 线路 3 的 J 成本系数表

每日运输重量/t	运输频次/(天/次)	运输重量/(t/次)	C 运输成本［元/(t·km)］	T_s 运输周期/天	CT_s J成本系数/［元·天/(t·km)］	T_m 库存时间/天	$C(T_s+T_m)$ 总J成本系数/［元·天/(t·km)］	运输模式
3.7	1	3.7	0.58	5	2.880	1.5	3.744	LTL
	2	7.4	0.55	5	2.745	2.5	4.118	
	3	11.1	0.50	5	2.475	4	4.455	
	4	14.8	0.50	5	2.475	5	4.950	
	5	18.5	0.50	5	2.475	6	5.445	
	6	22.2	0.50	5	2.475	7	5.940	
	7	25.9	0.50	5	2.475	8	6.435	
	8	29.6	0.50	5	2.475	9	6.930	
	9	33.3	0.43	5	2.160	10	6.480	
	10	37	0.43	5	2.160	11	6.912	

由运输频次的不同导致 J 成本的变化，因为只考虑了 SU2 一家供应商的情况，所以结论不能作为最终定论，还应结合其他客户和供应商情形再仔细计算。这里先按此结果对供应商 SU2 的运输给出一个结论，即如果 milk run 运输则每天按零担运输最佳。

线路 4 和线路 5 不在范围内，运输线路亦可从第 17 天图 2-28 中获悉。线路 6 与方案 2 的线路 4 相同，这里也不再赘述了。

方案 1 的在近客户端库存为 30 天的成品，托盘数为上述的成品类再加上 2 个从海外进口件 CS1 和 CS2，共计 870 托盘。面积为 $\dfrac{870 \text{ 托盘}}{3 \text{ 托盘} \times 7 \text{ 层货架}} \times 8.4\text{m}^2 \approx 348\text{m}^2$。EL 再次核算功能区面积作为加入限制条件后的面积计算参考，见表 3-6。

表 3-6 仓库功能区面积估算

近客户端仓库		方案 1/m²	方案 2/m²
成品	装配区域	0	53
	捡货区	20	20
	出货备货区	91	91
	溢出区	0	20
HB 仓库		方案 1/m²	方案 2/m²
成品	出货备货区	58.5	59
原材料	出货备货区	41.6	41.6
	捡货区	15	0
	溢出区	20	20
	不合格品区	20	20
	包装材料区	17	17
其他	回用物料区	30	30
	工具存储区	25	25

由图上所知，方案 1 在近客户端功能区面积合计 $20m^2 + 91m^2 = 111m^2$。加上预留 20% 的货架以防止溢出，则最终方案 1 的近客户端仓库面积为 $529m^2$。另外加 40% 作为通道，厂务设施安放等区域，该区域面积核算为 $529m^2 \times (1 + 40\%) \approx 741m^2$。

HB 公司的仓库内存放有原材料和待发货的成品。这里的成品并不包括从海外进口件。计算结果为原材料 123 托盘，这里已经加了加工原材料需要的 2 天质量检验库存和安全库存，以及 30 天的海外原材料 ER 和 D 件库存。成品 2 天的库存共计 42 托盘。由于 HB 公司的厂房只有 5.5m 高，因此这里货架高度按 5 层计算。按上述计算方法可得方案 HB 公司仓库面积为 $239m^2$。

至此，方案 1 的数据基本计算完成。刚才说到由于我对 T 零件托盘容量的错误估计，明天我们需要对方案 2 的线路做修正。

第 21 天　计算中的错误修正

供应商 SU2 的物料主要影响方案 2 中的线路 1，从 C 城至近客户端仓库。由于托盘容量从每托盘 2000 个减少到 1000 个，托盘的数量也从每天 4 托盘变为每天 8 托盘。线路 1 原计划每 5 天利用铁路运输一个 20ft 的集装箱，运量为 18t，运载托盘数量为 20。更改后，每天运量不变，托盘数量变为 40。这样的话一个 20ft 的集装箱容量无法装下，次级选择是 40ft 的集装箱每 6 天利用铁路运输一次。同样，需要利用 J 成本的趋势图进行计算和验证，我们就不再重复思考过程了。

因为 SU2 的零件是直接运至近客户端仓库，因此重算该仓库的托盘数。经计算得到托盘数为 996，货架占地面积为 $398m^2$。装配区域共占 $53m^2$，功能区 $131m^2$。计算后的总面积为

$$\left(\frac{996\text{ 托盘}}{3\text{ 托盘}\times 7\text{ 层货架}}\times 8.4m^2\times(1+20\%)+53m^2+131m^2\right)\times(1+40\%)\approx 927m^2$$

HB 公司仓库则不受影响。

今天是我们和 HB 公司进行的第二次项目回顾会议。小 Q 约了公司的 K 先生和总经理 LZ 先生，LZ 先生因为其他会议迟到了 1 个小时。这次会议主要回顾了之前完成的上述计算工作，EL 提出了关于对海外供应商的管理建议。

目前 HB 公司的海外供应商是接单后再进行原材料采购和生产，然后海运至 HB 公司，整个周期长达 180 天。也就是说，HB 公司需要提前半年将预测发至海外供应商。由于周期过长，应对客户变化的能力大大减弱。HB 公司的海外供应商实际不承担任何风险，而供应链风险全部由 HB 公司承担。建议是，由海外供应商常备两周的库存（我们建议的运输周期为每 11 天运输一次）和一个月的原材料库存，加上 30 天运输，从下单到到货也只有一个半月时间。HB 公司可以每月根据市场变化情况和成品库存情况完成需求计划，再根据原材料库存情况及需求计划制订原材料采购计划，最后由 SAP 系统根据现有库存情况制订发运计划。海外供应商根据这些数据调整采购、生产和发运。

供应链系统并没有多么神秘，最重要的是能否做到与供应商在信息上透明化。这样不仅可以做到及时调整物料供给，也能更有效地满足客户需求。但往往最简单的在实施时也是最难的，供应链能否做到顺畅高效，处在供应链上的

各个节点协调配合是十分重要的。

另外，在生产线布局的反馈中我提出了自己的意见，除了希望可以分步实施设备连接外，也希望在设备安装调试期间，在国外工程师的支持下迅速完成设备小故障排除的操作指导书。让包括生产操作员和维护工程师在内的国内人员尽快参与，熟悉和掌握设备的小停机排除技能，避免在设备支持人员撤出后，由于技能不足而导致设备效率低下的问题。

方案的评估和确认

第22天　规划方案的评估要素准备

方案数据计算完之后，本周的主要任务是进行方案之间的对比和完成最终的项目报告，包括接下来 HB 公司需要开展的供应链活动计划。

为了便于方案的比较，我们把外租仓库也设置在 HB 公司附近的情形也加进来作为一个方案进行比较。我们暂且称其为方案 3，这样已有的 3 个方案分别是：方案 1，外租仓库在近客户端，装配作业在 HB 公司内部完成；方案 2，外租仓库在近客户端，装配作业也移至外租仓库内进行；方案 3，外租仓库在 HB 公司附近，装配作业在 HB 公司内部完成。

方案对比的逻辑方法可以借鉴在结构化布局方法中用到的矩阵表。其方法步骤是：

1）先确认对比的因素（一般不超过 10 个）。

2）把对比因素进行两两对比，以 0、1、2 进行评分。计算每个评判因素的权重。

3）对不同物流方案评判其对每个对比因素的得分。例如，1 代表差，2 代表可勉强接受，3 代表平均水平，4 代表好，5 代表极好。设计方案时我们已经进行了对于约束条件的规划，因此本例我们只设 3 个档的得分，即 1 代表勉强接受，2 代表平均水平，3 代表好。

步骤 1 物流方案对比因素见表 4-1。

表 4-1　物流方案对比因素

序号	评判因素
1	外租仓库的租金
2	物流成本的节约
3	原材料库存的货盘数
4	包装成本占销售成本率
5	设备和人力资源投入
6	管理难度
7	对客户的反应速度
8	对现金流的影响
9	环境需求
10	运输风险的大小

步骤2各个因素对比得分和权重见表4-2。

表4-2　方案对比因素得分和权重

序号	评判因素	评判对比因素										重要程度（合计）	权重	排名
		1	2	3	4	5	6	7	8	9	10			
1	外租仓库的租金		0	1	1	1	0	0	0	0	0	3	3.3%	9
2	物流成本的节约	2		2	1	2	1	0	1	1	1	11	12.2%	4
3	原材料库存的货盘数	1	0		0	0	0	0	0	1	0	2	2.2%	10
4	包装成本占销售成本率	1	1	2		1	1	0	1	1	1	9	10.0%	5
5	设备和人力资源投入	1	0	2	1		1	0	0	1	0	6	6.7%	8
6	管理难度	2	1	2	1	1		1	0	0	0	8	8.9%	7
7	对客户的反应速度	2	2	2	2	2	1		1	2	1	15	16.7%	1
8	对现金流的影响	2	1	2	2	2	2	1		2	1	14	15.6%	2
9	环境需求	2	1	1	1	1	2	0	0		1	9	10.0%	5
10	运输风险的大小	2	1	2	1	2	1	1	1	1		13	14.4%	3
总　　分												90	100%	

对比因素的对比以左侧竖向栏为主，即和横向同样编号的因素对比时，若为重要项则在白色横向栏内记为2分，同等重要项记为1分，不重要项记为0分。重要程度一列为每项评判因素的横向得分的总和。权重为重要程度合计分数占总分数的百分比。

在评判因素中有几项需要计算量化的数据后才能进行评估。它们是评判因素的1、2、3、5、8、10项，因为有些数据需要询问小Q后才能确认，我们今天顺便列好了计算的公式。

听说小Q刚招聘来一个负责包装设计的工程师，他会负责新项目和包装有关的设计，并会与我们共同完成接下来的工作。今天小Q送来一个小白板，给我们带来些小便利。

第 23 天　规划方案的比对评估

今天初次和新来的包装的工程师小 C 见面。他除了负责这个项目所有原材料、半成品和成品包装的设计和修改以外，还负责物流线路规划后的执行，也是我们接下来几天项目工作的交接人。

昨天把方案的评审内容确定下来，今天正好和小 Q、小 C 一起依据各个评审内容给每个方案进行打分。为了方便进行对比，我们把外部仓库设在 HB 公司本地作为第 3 个方案，这样加上其余 2 个方案共 3 个方案进行评比。

在昨天所列的评审项中有些是需要量化项，因此在评审之前我们需要将这些评审项进行计算。首先是外库的租金和管理费用成本，小 Q 事先向一家提供此服务的第三方物流公司进行了询价。其中管理费用包括了装卸货、装配、分包和保洁服务。计算后的每年外库租金和管理费用对比如图 4-1 所示。

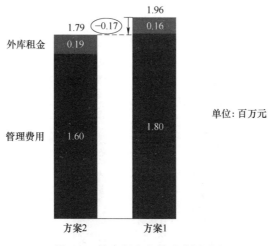

图 4-1　外库租金和管理费用对比

物流成本是对比方案时最重要的一项指标，我们已经计算了每个方案最终每条线路的 C_T 值，只要乘以每天的运输当量和每年的工作天数就可以了。计算的结果如图 4-2 所示。

库存周转天数的累计是将各个物流节点的库存周转天数相加。得到的结果如图 4-3 所示。

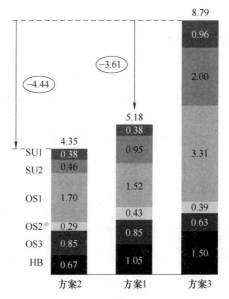

图4-2　物流成本的方案对比

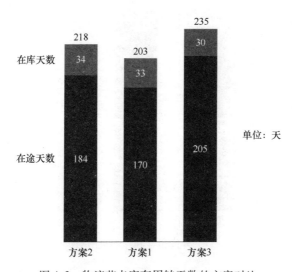

图4-3　物流节点库存周转天数的方案对比

库存占压资金量如图4-4所示。

量化后的评比项评分可一目了然，不可量化的条目需经过小组讨论，物流方案的评审结果见表4-3。

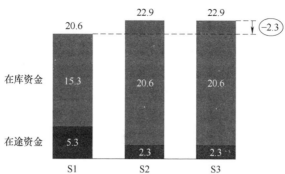

单位：百万元

图 4-4　库存占压资金量

表 4-3　物流方案的评审结果

序号	标　　准	权重	方案 2		方案 1		方案 3	
			得分	结果	得分	结果	得分	结果
1	外租仓库的租金	3.3%	3	0.1000	2	0.0667	2	0.0667
2	物流成本的节约	11.1%	3	0.3333	2	0.2222	1	0.1111
3	原材料库存的货盘数	3.3%	2	0.0667	3	0.1000	1	0.0333
4	包装成本占销售成本率	10.0%	3	0.3000	1	0.1000	1	0.1000
5	设备和人力资源投入	6.7%	1	0.0667	2	0.1333	2	0.1333
6	管理难度	8.9%	1	0.0889	2	0.1778	3	0.2667
7	对客户的反应速度	16.7%	3	0.5000	2	0.3333	1	0.1667
8	对现金流的影响	15.6%	3	0.4667	2	0.3111	2	0.3111
9	环境需求	10.0%	2	0.2000	2	0.2000	3	0.3000
10	运输风险的大小	14.4%	3	0.4333	2	0.2889	2	0.2889
各方案总得分			2.5556		1.9333		1.7778	
排名			第 1		第 2		第 3	

注：1~3 为等级分。1—差；2—能接受；3—好。

　　表中每个评比项的结果是由得分和其比重的乘积，总得分是各个评比项的得分之和。最终的各方案总分最高者为优胜方案。方案 2 为我们最终选定的方案。

　　这里我们特别说明一下，以上的评审方法不仅可以用在布局和物流方案的评比过程，还可以用在其他需要进行方案评估的案例中。在实际设计过程中，我们往往在心里已经对某一方案存在主观上的喜爱和认可，在执行上述的结构化方案判定过程中存在主观上的偏好。这样其实已经减弱了利用此方法进行客观评判的作用，建议在评审时多吸纳其他部门的人员，多听取各方面的意见再做出判断，以免由于主观因素造成错误判断。

第24天 规划之后的项目推进计划讨论

经过两天的计算整理，今天要和 HB 公司的管理层沟通一下项目的结论。管理层参会的人员包括总经理 LZ 先生、LZ 先生的老板 N 先生、K 先生，还有小 Q 的团队成员生产运营经理 Y 先生和总经理助理 L 先生。

会议安排在早上 8 点 30 分，我和 EL 不能坐班车了，K 先生一早开车到酒店接我们。会议由 EL 主持，他非常出色地讲解了我们的项目结果。该项目方案在物流成本、在库天数和在库资金上较其他方案都更具优势，另外 EL 提出的进口材料退税的提议也可以为 HB 公司每年节约关税 500 万元。HB 的管理层很满意我们的方案，并确认方案 2 为最佳方案并予以采纳。

接下来就要和小 Q 一起列出方案需要投资的项目和方案执行时的大致计划。

投资为固定费用的支出，不包含运营的变动费用。大致内容包括：

1. 基础设施的投资

> ➤ 外库的租金。
> ➤ 本地仓库的改造。
> ➤ 办公室的装修。
> ➤ 办公设施的建设（包括办公家具、网络、办公设备的配备）。
> ➤ 质量检验工作室。
> ➤ 质量检验工作室的装修。

2. 生产设施的投资

> ➤ 装配的工作台。
> ➤ 能源设施（包括照明、电源和空气压缩机）。
> ➤ 工具和工装。
> ➤ 信息设备（包括监控、终端电脑）。
> ➤ 质量检验的设备。

项目的计划各不相同，这里我们只列出大致内容和活动之间的逻辑以作参考。该项目计划主要包含三大主题内容：任务 1 是上述设施设备的准备；任务

2 是生产运营所必需的流程准备；任务 3 是支持该流程的团队准备。

设备设施的准备这里不再赘述，但要注意增加寻找第三方物流公司进行询价和商务谈判的过程。仓库内部的设施设置和仓库选址是紧后任务关系。

任务 2 的生产运营流程包括 HB 公司外租库房和客户之间的沟通汇报关系及渠道；制订生产管理流程（包括车间管理方法、质量控制计划、供应商质量管理流程等）；对第三方物流公司的绩效管理和沟通办法。运营流程的制订可以和任务 1 同步进行，属于开始—开始的任务关系，现有运营流程可以套用，但因为新增工作地，应按情况进行些许调整，待运营开始后再做改善、提高。

对于人员要确定由第三方公司提供哪类工作人员，我方提供哪类工作人员；对于我方从本部调用人员的安置方法，当地人员的待遇和考核规定，等等。另外人员确认后的培训工作非常重要，需要 HR 部门对提出的培训需求进行统一计划和执行。任务 3 和任务 2 为开始—开始的任务关系，可同步进行，但人员计划需要较长时间，应比任务 2 提早一些进行。

以上是项目主计划的内容，细节计划还应做具体和周密规划部署，使各个执行团队清晰自己的任务内容和截止时间，以及和其他子任务之间的逻辑关系，这样计划执行起来才不至于混乱。当然，我们不可能一次性将计划做到完美，过程是渐进明细的，所以在项目执行过程中对任务内容和计划做出调整是允许的。

第 5 章

总　　结

我们已经一起经历了一个物流规划项目，这里做一个总结，以明晰我们的逻辑和方法。

1. 布局和物流规划均可采用的精益开发逻辑

我们采用和精益布局设计一样的开发逻辑，即先从理想状态开始设计，再加入必要的约束条件后修改成适应真实状况的方案。这样做的目的是尽可能地保留潜在的设计优势，发挥方案的最大潜能。在进行理想概念的设计开发时，并不是无条件地天马行空地想象，需要加入那些已无法更改的硬约束条件（这些条件多半是环境等客观外部因素引起的，并不包含人为因素引起的条件），否则也会浪费开发周期时间。例如，自然环境因素、建筑设施的限制、无法突破的关键技术瓶颈等。对于约束条件需要明确的是那些暂时无法更改的约束条件，例如，法律法规、当前的质量检测需要、人员技能、管理流程等。

而传统的设计开发方法是先从现在的状态开始，加入想要达成的需求目标一步一步完成设计开发。两者比较而言，精益开发方法达成的结果往往优于传统方法，而且开发周期较短。如图5-1所示，说明了精益开发和传统开发方法的比较。

2. 物流规划的逻辑顺序

物流规划应首先从了解客户需求入手，根据客户的需求制订出货物流的模式。对于客户需求掌握得越清楚，方案设计越贴近实际避免重复修改。出货物流确定后，再制订对成品仓库进行补货的策略。在比产生第一个大物流节点，即成品仓库。对于任何物流节点的要求都是做到库存最小。不同的企业对成品仓库的设置有不同的策略，设置在近客户端是以服务客户为主，设置在近工厂端是以满足生产策略为主，要根据实际情况制订适合自己的仓储和补货策略。

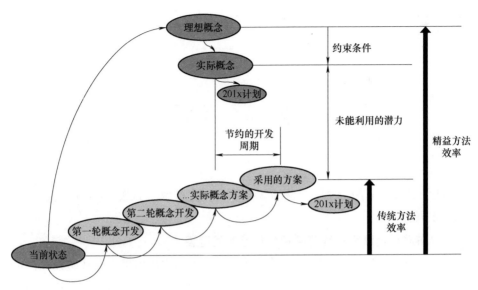

图 5-1　精益开发和传统开发方法的比较

有了对成品仓库的补货策略再制订相应的生产模式、生产计划和内部物流方式以及线边存货的方式。依据生产计划、内部物流的方式制订原材料补货的策略。在此产生第二个大物流节点，即原材料库存。原材料补货策略直接影响原材料采购策略和供应商送货模式。

上述的过程就是完成一个 VSM 的过程。VSM 不仅是生产布局的前提，也是物流规划的基础输入信息。

物流规划的逻辑顺序如图 5-2 所示。

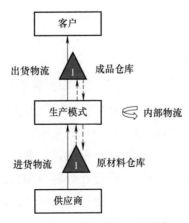

图 5-2　物流规划的逻辑顺序

3. J 成本理论的延伸

J 成本理论是我们这次物流规划项目主要使用的方法论，其理论内容我们已在前文有所表述。J 成本理论由日本制造大学制造技能工艺学教授田中正知提出。田中正知曾在丰田汽车公司工作 35 年并得到大野耐一的指导，目前在日本成立了 J 成本研究会并担任会长一职。

J 成本是将时间轴加入管理会计制度的理论尝试，也就是说过程时间和成本共同作用可影响产品收益的能力。最初，J 成本主要用于解释在生产过程中减少周期时间（lead time）能够取得财务收益的原因。随着其方法的引入，在其他领域也可以作为计算和判断产品收益力的理论依据。

（1）J 成本在物流领域的应用

在研究物流方式时，J 成本理论已经引入了物流系数的概念（见第 5 天的日志内容）。对于海外物流，通过物流系数的计算可以判断不同运输方式对产品收益力的影响，从而决定何种运输方式为最优选择。需要提醒的是，在做类似的项目时，从财务部门获得产品的毛利润比较困难，因为这一数据过于敏感。因此我们可以把毛利润作为变量绘制成如日志中第 11 天图 2-20 类似的图表给管理人员予以判断。

对于国内运输，存在同一运输方式由于不同运输当量造成的运费差异问题，同样可以利用 J 成本理论计算最佳的运输方式和运输频次。因为我们要计算物流成本，所以可以忽略产品本身的制造成本。假设制造成本为零，从 A 点运输一批产品至 B 点的运输成本为 C，运输时间为 T_s，那么从 A 点至 B 点的运输 J 成本面积为 CT_s。而对与同一运输方式下的不同运输频次可导致在 B 点的缓冲库存量不同，该缓冲库存天数记为 T_m，则此时的运输 J 成本面积为 $C(T_s+T_m)$。这样，我们可以横向比较哪种运输频次下 J 成本更低，而在同一种运输频次下又可以比较不同运输方式的 J 成本高低（见第 12 天的图 2-22）。图 5-3 所示为物流 J 成本面积和物流与库存合计 J 成本面积构成的不同成本面积。

（2）J 成本在决定销售组合时的应用

工厂经营的根本是增加现金流，现金流增加的方式是在工厂经营时考核资产盈亏和产品变动盈亏状况而采取一些措施，其中增加利润是工厂经营的根本，那么就面临如何选择产品销售组合的问题。销售经常遇到的情况是有些产品族利润率较低，但销量很大；有些产品族利润率很高，但销售量低。

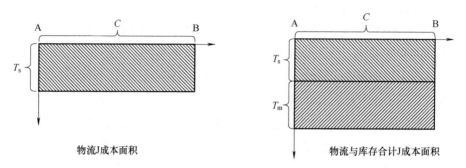

物流J成本面积　　　　　　　　　　物流与库存合计J成本面积

图5-3　物流J成本面积和物流与库存合计J成本面积

　　产品的销售成本可以视为J成本中的C，销售成本由工厂生产成本和销售费用构成。我们知道在生产过程中，不同产品的生产加工时间是不同的，再加上流通环节的周期时间，不同产品从订单下达到送到客户手中换回利润的时间就产生了不同的时间差，这就是J成本理论中的T。比较不同产品的J成本收益力值（利润/CT）就可以做成产品收益力高低排序表，再根据市场需求的实际情况进行销售组合的策略。因此J成本理论可以给销售策略的制订提供数据上的参考。

　　但有一个重要的前提条件需要强调，在利用J成本理论讨论不同产品的销售组合时，进行比较的产品是位于同一产品族内的，也就是说它们应该具有相同的工艺过程，但工厂内的生产多数情况是不同工艺过程的产品混合交织在一起。我们不能简单地利用J成本理论方法进行不同工艺过程产品的收益力比较，原因是不同工艺过程流过的设备设施不同，它们消耗的工厂产能是不同的。单纯地进行成本比较而做出的判断会使工厂产能得不到最大化利用。

　　另一种情况是，不同产品共享部分工艺过程和设备，此时也不能采用J成本理论进行计算和比较。正确的做法是按照约束理论（TOC）方法，首先找到流程中的瓶颈工序，以最大化瓶颈工序的有效产出为前提，计算流过此工序的产品负荷值

$$产品负荷值 = \frac{单位时间有效产出}{单位时间产出的产品数量}$$

再选择负荷值大的产品作为目标产品进行推演。有关约束理论的介绍请大家参考相关书籍，这里就不再赘述了。

　　（3）J成本在产品开发领域的应用

在产品开发阶段所涉及的费用主要是研发费用，在产品基本设计定型之后，就会涉及模具和工具的投资、新设备的投资以及其他工艺性的投入。这些费用可以在产品设计初期进行大致的投资成本预测。这部分投资和研发费用的预算构成了成本 C，而产品从开发到量产投放市场的时间可以视为 T。新产品的利润需要做市场预测，至此我们也可以计算出新产品开发的 J 成本收益力。通过研发前对开发不同新产品的 J 成本比较可以为未来新产品研发决策做出参考。

需要和大家说明的是，我们分享的是物流规划项目，它并不是一个完整的供应链项目，大家不要混淆。供应链项目涉及的范围更加广泛，除了物流线路的规划外还要有信息流程的规划，特别是供应链信息的共享和透明化。虽然具备相互通信和兼容功能的软件以及电子数据交换（EDI）技术已不是制约因素，但出于信息安全的考虑，目前仍是供应链规划中比较困难的部分。

附　　录

附录 A　衡量物流系统的绩效指标　◀◀◀

1. 物流平均装载率

$$物流平均装载率 = \frac{每次货物装载率之和}{运输次数}$$

2. 物料平均未交货率

$$物料平均未交货率 = \frac{平均未交货数量}{平均需求量}$$

3. 订单平均完成时间

$$订单平均完成时间 = \frac{单位时间内订单完成时间之和}{单位时间内订货次数}$$

4. 配送准时率

$$配送准时率 = \frac{准时配送次数}{配送总次数}$$

5. 平均未交货率

$$平均未交货率 = \frac{\sum\limits_{i}^{n} \dfrac{第\,i\,次未交货数量}{第\,i\,次应交货总量}}{n}$$

附录 B　衡量库存周转的绩效指标

1. 库存周转率

$$库存周转率 = \frac{全年物料出库量}{平均库存量}$$

2. 库存周转天数

$$库存周转天数 = \frac{365}{库存周转率}$$

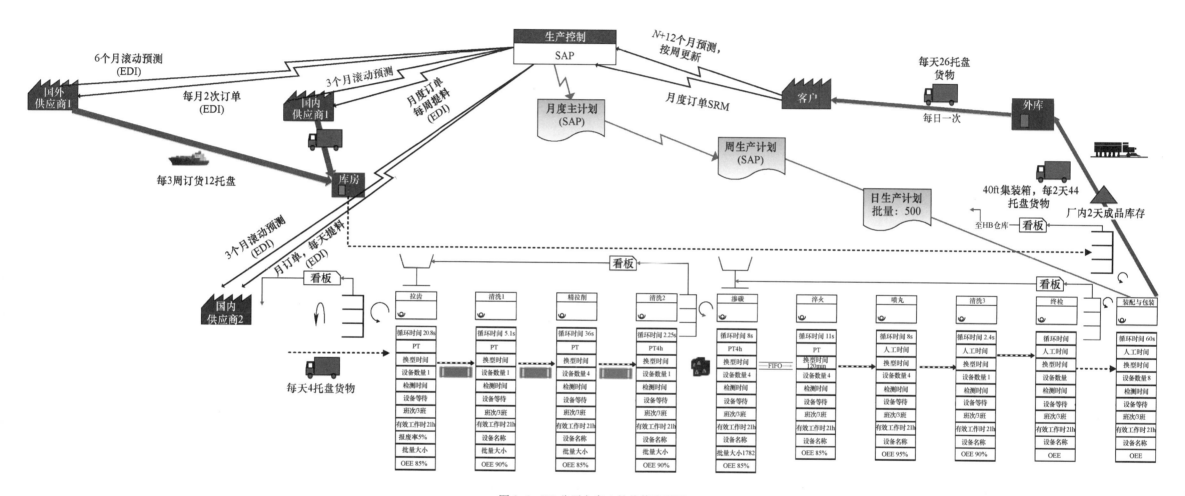

图 2-4 HB 公司方案 1 的价值流程图

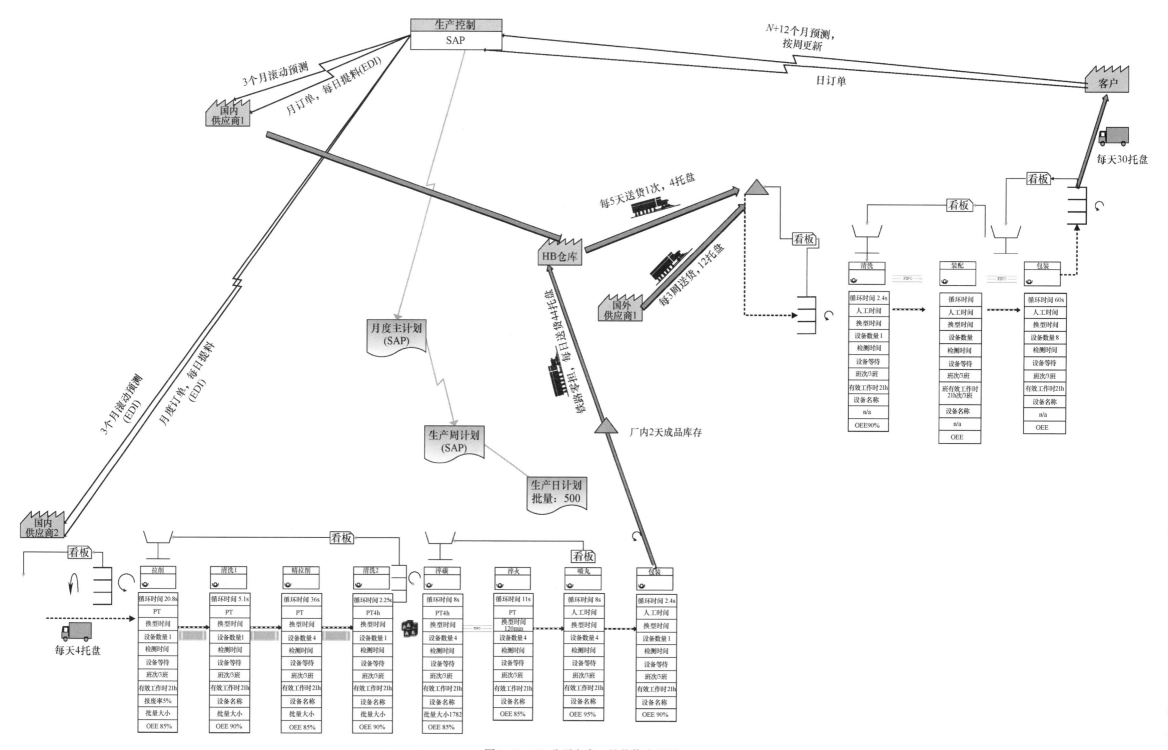

图 2-27　HB 公司方案 2 的价值流程图

附录 C　库存物料 ABC 分析

　　库存物料 ABC 分析是基于该物料全年平均出库量和周转率进行的，其结果是通过与仓库内全部物料的出库量和周转率进行比较而得到的。计算公式如下：

$$S_j = \sum_{i=1}^{2} \left(\omega_i S'_{ij} \right)$$

式中　　ω_i——$i=1$ 表示该物料的出库量权重，$i=2$ 表示该物料的周转率权重，$\omega_1 = 0.8$，$\omega_2 = 0.2$；

　　　　S_j——第 j 种物料在周转方面的综合得分；

　　　　S'_{ij}——出库量或周转率的归一化处理结果。

　　其中，

$$S'_{ij} = \frac{S_{ij} - \mathrm{Min}(S_i)}{\mathrm{Max}(S_i) - \mathrm{Min}(S_i)}$$

　　　　S_{ij}——第 j 种物料出库量或周转率的平均值；

　　$\mathrm{Min}(S_i)$——全部种类物料的出库量或周转率的最小值；

　　$\mathrm{Max}(S_i)$——全部种类物料的出库量或周转率的最大值。

　　库存物料的 ABC 分析结论可作为物料货位选择的参考值。